Couverture inférieure manquante

PUBLICATION DE LA SOCIÉTÉ DES ARCHIVES HISTORIQUES
DE LA SAINTONGE ET DE L'AUNIS

TROUBLES

EN

POITOU, SAINTONGE, AUNIS ET ANGOUMOIS

1643 ET 1644

Documents publiés par M. Louis DELAVAUD

LA ROCHELLE
IMPRIMERIE NOUVELLE NOEL TEXIER

1891

TROUBLES

EN

POITOU, SAINTONGE, AUNIS ET ANGOUMOIS

PUBLICATION DE LA SOCIÉTÉ DES ARCHIVES HISTORIQUES
DE LA SAINTONGE ET DE L'AUNIS

TROUBLES

EN

POITOU, SAINTONGE, AUNIS ET ANGOUMOIS

1643 et 1644

Documents publiés par M. Louis DELAVAUD

LA ROCHELLE
IMPRIMERIE NOUVELLE NOEL TEXIER
—
1891

TROUBLES

EN POITOU, SAINTONGE, AUNIS ET ANGOUMOIS

(1643 et 1644)

M. Henri Renaud a publié dans le tome VII des *Archives historiques de Saintonge et d'Aunis* des documents, annotés par MM. Louis Audiat et Théophile de Bremond d'Ars, sur l'intendance de François de Villemontée. Huit des lettres éditées par lui (p. 327-336) sont relatives aux troubles qui ont eu lieu dans le Poitou, la Saintonge et l'Angoumois en 1643 et 1644. Chéruel a signalé quatre autres documents sur cet épisode, conservés dans les papiers de Le Tellier que possède la bibliothèque nationale. Nous les publions aujourd'hui in extenso : car les extraits faits par Chéruel dans son introduction des *Lettres de Mazarin* et dans l'*Histoire de France pendant la minorité de Louis XIV*, ne sauraient tenir lieu d'une reproduction intégrale. Nous y ajoutons 30 autres lettres sur le même sujet, extraites pareillement des papiers de Le Tellier, 4 pièces empruntées aux archives du ministère des affaires étrangères et la notice sur Villemontée que contient le manuscrit 14,018 du fonds français de la bibliothèque nationale. Les membres de la société des *Archives* n'ont pas oublié les notices consacrées à ce personnage dans le *Bulletin*, t. III, p. 145, et t. IX, p. 30, par M. Renaud.

Les instructions données au marquis d'Aumont [1] (n° VII) ra-

---

1. Charles, marquis d'Aumont, lieutenant général des armées du roi, mort à 38 ans en octobre 1644, à Spire, des suites de blessures reçues au siège de Landau ; c'est le frère du premier duc d'Aumont.

ment du Poitou. « Il est conduit par sa femme qui est huguenote et sœur d'un des mécontents, M. le duc de Bouillon, écrivait-il dans un de ses carnets. Le Poitou est d'ailleurs un pays porté à la sédition et les huguenots y sont puissants. » Chéruel ajoute (I, 216) : « On pouvait craindre de voir les passions religieuses se mêler aux questions financières et les compliquer d'une manière dangereuse. »

C'est le 25 juillet (Ms. fr. 4,169, f° 18 et f° 160) que Langeron avait été chargé de réprimer les troubles du Rouergue, qui ne furent apaisés qu'en octobre [1]. Le 22 septembre, Villemontée, intendant de Poitou, Aunis, Saintonge et Angoumois, signalait des symptômes d'agitation dans sa province. Plusieurs assemblées de la noblesse eurent lieu à Saintes et à Montignac; les gentilshommes y protestèrent contre les impôts, nommèrent des syndics ou sages, convinrent de se réunir à Lusignan au mois de décembre, et préparèrent incontinent la levée de troupes pour prendre les armes. Dans le pays de Retz, les paysans refusèrent de payer les tailles et se soulevèrent. On pouvait craindre que des agents étrangers ne fussent mêlés aux mouvements de Saintonge.

François de Vautorte [2] se rendit à Angoulême pour apaiser les esprits. « Le démon des huguenots, écrivait-il le 12 novembre, agite ce corps et il cherche matière à brouiller. » Le 22 novembre, il demandait si, comme on l'annonçait, le droit de 20 sols était supprimé. Le 3 décembre, Villemontée, qui s'était

---

1. Voir *Lettres de Mazarin*, I, 283, 347, 406, 413 à 492.

2. François Cazet, sieur de Vautorte, intendant de la généralité d'Aix, puis de Limoges (en juin 1643), avocat général au grand conseil, conseiller d'état, employé à Münster à partir de 1646, chargé de veiller à l'exécution de la paix de Westphalie (*Lettres de Mazarin*, t. III, p. 448), destiné en août 1649 à aller en Bavière (Voir ses instructions dans le *Recueil des instructions données aux ambassadeurs de France : Bavière, Palatinat, Deux-Ponts*, par André Lebon, 1889, p. 4), ambassadeur à Ratisbonne en 1653, mort dans cette ville en 1654. La correspondance de 1649 à 1654 (Bibl. nat., mss. fr. 4,225 à 4,229) a été imprimée en partie dans les *Négociations secrètes touchant la paix de Münster et d'Osnabruck...*, 4 vol. in-f°, La Haye, 1722. On trouve une partie de sa correspondance, comme intendant de Limoges, dans les papiers de Le Tellier à la bibliothèque nationale et dans les volumes 1,707 et 1,708 du fonds « Mémoires et documents, France », aux archives du ministère des affaires étrangères.

content en détail les troubles de 1643. Quelques unes des lettres éditées dans les *Archives* en 1878 sont antérieures aux documents que nous donnons aujourd'hui. Il ne sera pas inutile d'en faire ici un résumé rapide en même temps que nous exposerons la situation de nos provinces à la fin de 1643.

Les financiers pressuraient le peuple [1], et les gens de guerre ravageaient les provinces. Le droit de 20 sols par chaque muid de vin, dont M. Audiat a raconté l'histoire (*Bulletin de la société des antiquaires de Normandie*, avril 1867), avait provoqué un vif mécontentement. En juillet, la cour envoya Andrault de Langeron [2] réprimer la révolte des « croquants » dans le Rouergue. Les protestants cherchèrent à profiter des mauvaises dispositions des esprits. « Il faut, dit Chéruel (tome 1er, p. 125), insister sur ces mouvements des huguenots, dont les historiens n'ont pas toujours tenu compte. » Grotius, ambassadeur de Suède en France, et l'ambassadeur vénitien Giustiniani ont mentionné l'agitation des Cévennes, et ont raconté les troubles de Charenton qui pouvaient dégénérer en lutte sanglante (juin 1643) ; le duc de Montbazon [3] eut de la peine à calmer les protestants. Mazarin ne voulait porter aucune atteinte à la liberté de leur culte ; ainsi qu'il l'écrivait à l'évêque de Poitiers, le 2 octobre (*Lettres*, I, 400), il était résolu à exiger qu'ils s'en tinssent à la stricte observation des édits qu'il respectait lui-même [4].

Après la dispersion de la cabale des Importants (septembre), les intrigants, vaincus sur le terrain de la cour, exploitèrent la misère du peuple et les craintes ressenties par les huguenots, pour provoquer des troubles en province. Mazarin avait refusé au duc de La Trémoille [5] l'autorisation d'acheter le gouverne-

---

1. Voir : Lièvre, *Extrait des pertes... de la paroisse de Cellefrouin, en l'élection de Saint-Jean d'Angély, ès années 1638, 1639, 1640*, dans le *Bulletin de la société archéologique de la Charente*, année 1881); A. Feillet, *La misère au temps de la Fronde*, particulièrement page 558 ; *Journal* de Samuel Robert (*Archives*, t. XI, p. 347) ; Chéruel, II, 88 ; L. Favre, *Histoire de la ville de Niort* (1880), p. 277, 283, 298, 309, 313, 321.

2. Philippe Andrault, seigneur de Langeron, titré comte en 1656, mort le 21 mai 1675, à 63 ans, bailli du Nivernois, premier gentilhomme de la chambre de Monsieur.

3. Gouverneur de Paris.

4. Voir aussi : *Lettres*, I, 364, 406 et 515, et les extraits des carnets cités par Chéruel (I, 127-129).

5. Converti en 1628 au catholicisme ; époux de Marie de La Tour.

concerté avec Henri Baudéan de Parabère [1], écrivait : « J'espère que nous divertirons l'assemblée du Poitou. » Les lettres qui suivent montreront comment il y réussit, et fourniront d'abondants renseignements sur un point de l'histoire provinciale dont l'importance, méconnue par les historiens locaux [2], a été révélée par Chéruel [3]. Des recherches dans les archives locales permettraient peut-être de compléter ces informations.

I

1643, 6 décembre. — Le Tellier [4] à François de Villemontée. Instructions au sujet de l'assemblée de Lusignan : s'assurer de M. de Châteaucouvert et des autres agitateurs, s'il est possible. — *Bibliothèque nationale, manuscrit 4,199, f° 20. Copie.*

Monsieur, la dépêche, que j'ai reçue de votre part des mains de M. de Luzers, a été lue au conseil en présence de la reine qui a approuvé l'arrêt dont vous avez envoyé le projet, lequel j'adresse à M. le comte de Parabère avec des dépêches de LL. MM. que vous trouverez à cachet volant

---

1. Henri de Baudéan, comte de Parabère, marquis de La Mothe Saint-Héraye, conseiller d'état, gouverneur du Poitou, lieutenant général des provinces d'Angoumois, Saintonge, Aunis et La Rochelle, gouverneur de Cognac, chevalier des ordres du roi, mort le 11 janvier 1653.

2. Thibaudeau (*Histoire du Poitou*, t. III, p. 305) en parle à peine. Chéruel (I, 214) a cité un court extrait d'une chronique manuscrite de Jean de Borat. Favre (1880) a résumé le récit de Chéruel et ajoute : « Le duc de La Trémoille avait envoyé des émissaires à Niort ; mais ils trouvèrent la population résolue à ne prendre aucune part au mouvement. » (p. 316).

3. D'autres troubles eurent lieu en Normandie en février 1644 (Ms. bibl. nat., 4,170, f° 54) et dans le Dauphiné ; le 13 août 1644, aux portes de Valence, 4 à 500 mécontents faillirent faire un mauvais parti à Nicolas Fouquet, conseiller au parlement et maître des requêtes (*Commission aux commissaires députés par le parlement de Grenoble pour faire le procès aux coupables de la sédition arrivée à Valence*, Ms. fr. 4,169, f° 256). Voir aussi (Ms. 4,170, f° 194) : *Lettre au duc de Lesdiguières*.

4. Michel Le Tellier (1603-85) était secrétaire d'état depuis le 13 avril 1643.

dans votre paquet, afin que vous les voyez auparavant que de faire passer ce courrier jusqu'au lieu où vous saurez qu'il sera. On l'excite à s'employer tout de bon à prévenir la faction qui semble se devoir élever par l'autorité de sa charge, en quoi, outre ce qui regarde le public, il a un intérêt particulier très notable.

On n'a pas pris de résolution sur ce que vous avez remarqué du désordre du bas Poitou et des arrérages des tailles et subsistances que doivent les habitants du marais rebelle de Rié, parce que l'assemblée de Lusignan a semblé plus importante et pressante. Je crois qu'elle ne se fera pas après les soins que M. de Parabère prendra pour la faire dissiper. Mais, s'il en arrive autrement, il faut, monsieur, que vous vous fassiez bien informer particulièrement de ce qui s'y passera, du nom de ceux qui en paraîtront les chefs et des propos qui s'y feront, et que vous en envoyez en diligence tout le détail le mieux circonstancié que vous pourrez, afin que sur vos avis la reine puisse prendre les résolutions que S. M. jugera nécessaires pour maintenir le service du roy dans le Poitou et les autres provinces du royaume dans l'obéissance qui est due à S. M. J'adresse des dépêches du roy et de la reine à M. de Poitiers [1] dans votre sens; mais pour le corps de ville, on a désiré de lui en envoyer par cette occasion-ci. Cependant je ne vous puis dissimuler qu'on eut ici bien désiré que vous eussiez fait arrêter M. de Châteaucouvert [2], et que ceux qui ont l'honneur d'approcher la reine ont estimé que vous eussiez par cette voie rendu inutiles présentement les artifices de ceux qui poursuivent la noblesse de s'assembler, et, si vous trouviez l'occasion aussi

---

1. Henri-Louis Chasteignier de La Rochepozay, né le 6 septembre 1577, évêque de Poitiers en 1611, mort le 30 juillet 1651.

2. Alexandre de Céris, seigneur de Châteaucouvert, dans la paroisse de Migron, élection de Saint-Jean d'Angély, marié en 1658 à Marguerite de Puyvert des Guittons.

facile que celle qui s'était présentée de vous assurer de lui ou de ceux qui sont nommés dans les ordres que vous avez reçus, vous ne devez pas la laisser échapper. Pour moi, je profiterai de toutes celles que je pourrai rencontrer pour faire valoir vos services et vous faire connaître que je suis comme je dois, etc.

II

1643, 8 décembre. — La reine au comte de Parabère. Envoi d'un arrêt interdisant l'assemblée. — *Bibliothèque nationale, manuscrit 4,168, f° 244. Copie.*

Monsieur le comte de Parabère, vous connaissez assez par la lettre que le roy, monsieur mon fils, vous écrit, comme lui et moi avons beaucoup d'étonnement de l'entreprise que quelques paroisses veulent faire de s'assembler sans permission, et que vous n'ayez pas interposé l'autorité que votre charge vous donne pour arrêter les auteurs de cette faction, dans laquelle ils pouvaient attirer ceux qui n'avaient pas assez de connaissance pour discerner leur mauvaise volonté et les frivoles prétextes qu'ils prennent pour troubler le repos de ceux qui ne respirent que la fidélité et obéissance. Mais comme la chose m'est autant à cœur qu'elle est de grande conséquence, j'ai voulu encore ajouter cette lettre à la réponse du roy, mon dit fils, et à l'arrêt qui sera ci-joint portant défense très expresse de tenir aucune assemblée, pour vous dire que vous ne sauriez rendre preuve de votre conduite et zèle en aucune occasion où je le considère davantage, et, me promettant que vous ferez toute sorte de devoir et arrêterez effectivement le cours de ces entreprises, je ne vous en dirai pas davantage, priant Dieu qu'il vous ait, monsieur le comte de Parabère, en sa sainte garde.

III

1643, 8 décembre. — Le roi à l'évêque de Poitiers. Qu'il travaille à empêcher l'assemblée. — *Bibliothèque nationale, manuscrit 4,168, f° 244. Copie* 1.

Monsieur l'évêque de Poitiers, sachant combien vous avez de crédit dans votre diocèse et quel est votre zèle pour le bien et avantage de mon service et repos de cet état, et voyant que des gens mal intentionnés ont dessein de faire des assemblées dans le Poitou, formant des intelligences qui ne peuvent tendre qu'à quelque trouble et faction, à laquelle ils pourraient engager ceux qui ne sauraient pas discerner leur mauvaise volonté, j'ai désiré vous faire cette lettre par l'avis de la reine régente, madame ma mère, pour vous dire que j'aurai à plaisir que vous demeuriez à Poitiers pour aider, par votre présence et par le moyen de vos amis, à empêcher ces entreprises desquelles je fais publier des défenses si expresses, que je m'assure qu'après cela aucun n'osera y contrevenir; et si cela arrivait, ou qu'il se fît quelque entreprise ou cabale contre mon service et le repos de cet état, je tiendrai pour une preuve singulière de votre affection que vous en donniez avis à la reine régente, madame ma mère, et à moi ; et vous devez être certain que là où je pourrai vous en reconnaître, je le ferai de très bon cœur, priant Dieu qu'il vous ait, M. l'évêque de Poitiers, en sa sainte garde [2].

---

1. La reine écrivait une lettre analogue à l'évêque, le même jour. (*Ibid.*, f° 245).

2. Le 12, Parabère, dans une lettre datée de La Mothe Saint-Héraye, accusait réception à Le Tellier de l'arrêt du conseil du 5 du même mois, interdisant à la noblesse de s'assembler. « Je périrai, dit-il, plutôt que de souffrir cette prétendue assemblée de Lusignan. Je vois que tous les peuples de cette province ont tant de joie de la résolution que la noblesse témoigne avoir de s'assembler, qu'il y aurait du danger d'employer à cette oc-

IV

1643, 20 décembre. — Provisions de gouverneur de la ville de Poitiers pour le marquis d'Aumont. — *Bibliothèque nationale, manuscrit 4,169, f° 205. Copie.*

Louis, par la grâce de Dieu, roi de France et de Navarre, à tous ceux que ces présentes lettres verront, salut. La charge de gouverneur et vice-lieutenant en notre ville de Poitiers, étant à présent vacante par la mort dudit sieur de Puygarrault, et étant nécessaire pour le bien de notre service et de ladite ville, qui est une des plus grandes et plus considérables de notre royaume, de remplir ladite charge d'une personne de condition et de mérite convenables, et de qui les bonnes qualités nous soient particulièrement connues, nous avons jeté les yeux pour cet effet sur notre cher et bien-aimé le sieur marquis d'Aumont, maréchal de nos camps et armées, estimant ne pouvoir faire un meilleur ni plus digne choix que de lui, pour les preuves qu'il nous a rendues en diverses occasions, de sa capacité, valeur, expérience au fait de la guerre, prudence, vigilance et bonne conduite, et de sa fidélité et affection particulière à notre service ; savoir faisons que nous, pour ces causes et autres bonnes considérations à ce nous mouvant, de l'avis de la reine régente, notre très honorée dame et mère, nous avons icelui sieur marquis d'Aumont fait, constitué, ordonné et

---

casion des personnes dont on ne soit pas bien assuré. » Le lendemain, Villemontée exprimait à Séguier toutes ses craintes. « Si on n'y porte bientôt remède, disait-il, il est à craindre qu'il se rencontre beaucoup de difficultés dans la levée des deniers du roi. » Mais, dès le 15, il pouvait annoncer que l'assemblée était rompue ; le 19, il annonçait l'envoi d'un mémoire « touchant les émotions de cette province ». Ces lettres ont été publiées dans le tome VII des *Archives*, par M. Renaud. Nous n'avons point retrouvé le mémoire annoncé le 19 décembre.

établi, faisons, constituons, ordonnons et établissons gouverneur et notre lieutenant général en notre dite ville de Poitiers, et icelle charge lui avons donnée et octroyée, donnons et octroyons par ces présentes signées de notre main, vacante, comme dit est, par le décès dudit sieur de Puygarrault, pour icelle charge avoir et exécuter, et dorénavant en jouir et user avec honneurs, autorité, prérogatives, prééminences, franchises, libertés, droits, profits, revenus et émoluments qui y appartiennent, tout ainsi qu'en a joui ou dû jouir ledit sieur de Puygarrault, lui donnant à cette fin plein pouvoir, puissance et autorité d'ordonner aux habitants de ladite ville ce qu'ils auront à faire pour notre service, les entretenir en paix, union et concorde les uns avec les autres, commander aux gens de guerre étant et qui seront en garnison en ladite ville, les faire vivre en bon ordre et police, conformément à nos ordonnances, châtier et faire punir tous ceux qui oseront y contrevenir, avoir l'œil à la sûreté et conservation de ladite ville en notre obéissance, et généralement faire par ledit sieur marquis d'Aumont en l'exercice de ladite charge de gouverneur et notre lieutenant général audit Poitiers, circonstances et dépendances d'icelle, tout ce qu'il verra être à faire pour le bien de notre service, repos, sûreté et conservation de notre dite ville, jaçoit que le cas requit, mandement plus spécial qu'il n'est porté par ces présentes, le tout sous l'autorité de notre très cher et bien-aimé le sieur comte de Parabère, gouverneur et notre lieutenant général en la province de Poitou, et non d'autres, ni même de nos lieutenants généraux en icelle ; donnons en mandement à nos amis et féaux, les gens tenant notre cour de parlement à Paris et à nos officiers qu'il appartiendra, que ces présentes ils fassent lire et enregistrer, et ledit sieur marquis d'Aumont, duquel nous nous réservons de prendre le serment en tel cas requis et accoutumé, ils aient à faire, souffrir et laisser jouir et user pleinement et paisiblement de ladite charge de gouverneur et vice-lieutenant général en notre ville de Poitiers, ensemble desdits honneurs, autorités, prérogatives, prééminences, franchises, libertés, droits, profits, revenus et émoluments, et lui obéir et entendre de tous ceux et ainsi qu'il appartiendra, et choses touchant et concernant ladite charge; mandons et enjoignons en outre aux habitants de notre dite ville de Poitiers et aux gens de guerre qui y sont ou seront ci-après en garnison de le reconnaître et obéir en tout ce qu'il leur commandera et ordonnera touchant ladite charge; mandons aussi à nos amis et féaux les trésoriers de notre épargne extraordinaire de nos guerres que lesdits états et appointements qui seront par nous ordonnés audit sieur marquis d'Aumont, ils lui fassent dorénavant payer comptant en la manière accoutumée, à commencer du jour et date de ces présentes, rapportant lesquelles ou copie d'icelles dûment collationnées pour une fois seulement avec quittance dudit sieur marquis d'Aumont sur ce suffisante; nous voulons tout ce que payé, baillé et délivré lui aura été à l'occasion susdite être passé et alloué en la dépense de leurs comptes, déduit et rabattu de la récepte d'iceux par nos amés et féaux les gens de nos comptes, auxquels mandons ainsi le faire sans difficulté: car tel est notre plaisir; en témoin de quoi nous avons fait mettre notre scel à ces présentes. Donné à Paris...

V

1643, 21 décembre. — Parabère au cardinal Mazarin. Il a dissipé l'assemblée de Lusignan; mauvaises dispositions de la province. — *Archives des affaires étrangères: Mémoires et documents, France, vol. 1,696, f° 121. Original.*

Je crois que M. Le Tellier aura fait savoir à votre éminence l'état auquel je me suis rendu à Lusignan pour m'opposer par la force à la résolution que la noblesse de mon gouvernement avait prise de s'y assembler. Maintenant, monseigneur, je vous assurerai comme j'ai dissipé cette assemblée qui aurait été d'un grand nombre de gentilshommes sans les soins que j'ai eu de faire agir parmi eux mes plus confidents amis et qu'ils ont vu que j'étais résolu de périr plutôt que de la souffrir. Mais, monseigneur, je ne puis céler à votre éminence que je reconnais de si mauvaises dispositions dans les esprits de ces provinces, qu'il est à craindre que les choses ne puissent demeurer longtemps en l'assiette qu'elles sont, si les remèdes ne sont promptement employés, lesquels ne peuvent plus être puisés que dans la bonté ou dans la puissance de la reine ; ce qui m'oblige de dépêcher à S. M. ce gentilhomme en diligence, à qui j'ai donné charge de faire entendre à votre éminence, si elle l'a agréable, l'état de cette province ; moi je l'assurerai de la résolution que j'ai faite d'être inséparablement attaché à tous ses [intérêts], et que je m'estimerai le plus heureux et le plus glorieux homme du monde, si votre éminence veut faire la grâce de me recevoir au nombre de ses particuliers serviteurs... PARABÈRE.

VI

1643, 28 décembre. — « Commission à M. le marquis d'Aumont pour commander les troupes envoyées en Poitou pour réprimer aucunes rébellions étant dans ladite province. » — *Bibliothèque nationale, manuscrit 4,169, f° 165 à 169. Copie*[1].

Louis, par la grâce de Dieu, roi de France et de Navarre, à notre cher et bien aimé le sieur marquis d'Aumont, maréchal de nos camps et armées, enseigne de notre compagnie

---

1. Le 25 décembre, Mazarin félicita Parabère d'avoir dissipé l'assemblée de Lusignan ; Chéruel a donné l'analyse de cette lettre. (*Lettres de Mazarin*, tome 1ᵉʳ, *index des lettres analysées*, p. 880).

de gens d'armes, salut. Etant bien informés que les paroisses du marais de Rié, en notre province de Poitou, refusent depuis quatre années entières de payer les sommes auxquelles elles sont cotisées pour nos tailles, subsistances et autres impositions qui y ont été faites tout ainsi que sur nos autres sujets, qu'en outre les gens d'icelles se sont armés sous prétexte de se défendre des incursions des ennemis de cette couronne, et sont si osés non seulement d'employer leurs armes contre ceux qui sont ordonnés et commis pour le recouvrement de nos deniers, mais de menacer les garnisons de nos places de les venir attaquer ; que d'ailleurs il s'est fait diverses assemblées en nos provinces de Saintonge et Angoumois et autres lieux de ces quartiers là par aucuns gentilshommes, où il s'est tenu des délibérations et propos tendant à sédition, sous prétexte, les uns, de faire révoquer l'imposition d'un écu pour tonneau de vin, bien que nous ayons trouvé bon d'en décharger tous nos sujets de la campagne et que nous l'ayons réduite à l'entrée des villes ; les autres, de s'exempter des taxes faites sur ceux qui possèdent des biens ecclésiastiques, bien qu'étant générales en toutes les autres provinces du royaume, il n'y ait pas lieu d'exemption, et que dans la nécessité présente de nos affaires, le peuple étant épuisé, nous sommes contraints d'avoir recours aux moyens extraordinaires qui ne vont pas à le surcharger pour subvenir à l'entretien des grandes armées nécessaires pour nous opposer aux desseins des ennemis déclarés de l'état ; ce qu'au lieu de considérer, il semble qu'aucuns factieux desdites provinces qui ont déjà tenté en diverses occasions de les troubler, prennent leur temps de le faire, nous voyant occupés à une guerre ouverte contre les plus puissants ennemis que cette couronne ait jamais eus, et jugeant nécessaire d'arrêter le cours de leurs mauvais desseins, avant qu'ils passent plus outre, et de faire châtier les auteurs et coupables desdites désobéissances, factions et monopoles contre notre autorité et service, nous avons résolu d'envoyer sur les lieux un bon corps de troupes de cavalerie et infanterie, et d'en donner le commandement à quelque personne qui ait toutes les bonnes qualités requises pour s'y employer dignement et à l'avantage de notre service ; et, ayant estimé ne pouvoir faire pour cette fin un meilleur choix que de vous pour les preuves que vous nous avez rendues en diverses charges et emplois importants, qui vous ont été confiés par le feu roy, notre très honoré seigneur et père de glorieuse mémoire, que Dieu absolve, et par nous, de votre valeur, capacité, expérience aux faits de la guerre, vigilance et bonne conduite, et pour la confiance particulière que nous prenons en votre prudence, fidélité et affection singulière à notre service. A ces causes et autres bonnes considérations à ce nous mouvant, de l'avis de la reine régente, notre très honorée dame et mère, nous vous avons commis, ordonné et établi, commettons, ordonnons et établissons par ces présentes signées de nos mains, pour commander ledit corps de troupes d'infanterie et de cavalerie que nous avons fait avancer vers le Poitou, et lequel nous avons destiné pour y servir dans la Saintonge ou Angoumois sur les occasions présentes, vous transporter avec lesdites troupes dans lesdites paroisses du marais de Rié et en tous les autres lieux de nos dites provinces et des autres voisines que besoin sera pour nous y faire rendre une entière obéissance, par tous nos sujets de quelque qualité et condition qu'ils soient, vous assurer des châteaux et maisons fortes appartenant à nos sujets où les rebelles se seraient retirés, et dont la désobéissance se trouve fomentée, faire arrêter les auteurs et plus coupables desdites rébellions et séditions, et désarmer le peuple des lieux de désobéissance, employer lesdites forces à cette fin, et, en cas de besoin, tirer le canon devant les châteaux et autres lieux où l'on refusera de nous obéir, les prendre par les voies que vous verrez bon être, tailler en pièces ceux qui s'assembleraient en armes et qui vous feraient résistance, séjourner dans lesdits lieux de désobéissance jusqu'à ce que les gens aient satisfait au payement de ce qu'ils doivent et que notre autorité y soit pleinement et entièrement rétablie, remettant lesdits coupables que vous aurez fait arrêter au pouvoir de notre amé et féal le sieur de Villemontée, conseiller en notre conseil d'état et intendant de la justice, police et finances en nos dites provinces de Poitou, Saintonge, Angoumois et Aunis, en ce qu'il est de son département, et de celui de notre aussi amé et féal le sieur de Vautorte, pour ce qui est de son département, pour les faire punir selon la rigueur de nos ordonnances contre les perturbateurs du repos public, faire aussi loger et donner département à nos dites troupes en telles de nos dites villes et places fortes desdites provinces que besoin sera; icelles faire marcher par telles routes que vous estimerez à propos, leur en expédier vos ordres sans que, pour ce ni pour les autres choses que vous aurez à faire dans lesdites provinces, vous ayez besoin de prendre ni faire prendre les attaches ou ordres des gouverneurs ou nos lieutenants généraux en icelles, mais seulement les avertir autant que vous pourrez de ce que je vous ai ordonné pour l'exécution de nos volontés, avoir égard au soulagement des lieux qui seront demeurés en notre obéissance, faire vivre lesdits gens de guerre en la bonne discipline et police requises par nos ordonnances, tenir la main à ce que les vivres nécessaires leur soient fournis par étapes en marchant conformément à nos règlements, à la fourniture desquelles il sera pourvu par les ordres desdits intendants et des autres commissaires pour ce, par nous députés chacun en son département, agir en tout ce que ci-dessus avec les avis desdits sieurs intendants et généralement faire les choses susdites, circonstances et dépendances d'icelles, tout ce que vous verrez être plus à propos et avantageux à notre service. De ce faire vous donnons pouvoir, commission, autorité et mandement spécial par ces dites présentes; mandons auxdits gouverneurs et à nos lieutenants généraux dans lesdites provinces, gouverneurs particuliers de nos villes et places, baillis et sénéchaux, prévôts, leurs lieutenants, maires, consuls et échevins de nos dites villes, et à tous nos officiers, justiciers et sujets de vous assister de tout ce qui sera en leur pouvoir, même de vous fournir du canon avec les munitions et l'équipage nécessaires pour l'exploiter; ordonnons à tous lesdits gens de guerre, tant de cheval que de pied, dont lesdites troupes sont et seront composées, de vous reconnaître et obéir en tout ce que vous leur commanderez pour notre service; enjoignons pareillement à tous nos sujets desdites provinces de vous reconnaître et obéir en tout ce qui concernera ladite exécution, sous peine de désobéissance: car tel est notre plaisir...

VII

1643, 29 décembre. — « Instruction pour le sieur marquis d'Aumont, touchant les soulèvements arrivés aux paroisses de Rié et autres du Poitou. » État du pays de Rié depuis quatre ans : envoi de troupes ; occupation par les rebelles de deux châteaux de Mlle de Rohan ; assemblée de la noblesse à Saintes en septembre 1643 ; nomination de *sages* ; noms des gentilshommes ayant assisté à cette assemblée et à celle de Montignac ; relations de M. de Couvrelles avec l'Angleterre ; agitations dans l'Angoumois ; préparatifs d'une révolte ; projet d'une réunion à Lusignan dès le mois de juin 1643 ; ordre au marquis d'Aumont d'occuper le pays de Rié, de désarmer les mécontents, de faire payer les taxes et d'arrêter les promoteurs des assemblées de la noblesse; instructions au sujet de la discipline des troupes. » — *Bibliothèque nationale, manuscrit 4,169, f° 62-73.*

Le roi et la reine régente, sa mère, étant bien informés que, depuis quatre années entières, plusieurs paroisses de Poitou, et entre autres celles du marais de Rié, n'ont payé aucune chose des tailles ni de la subsistance et autres impôts qui se lèvent sur tous les sujets de S. M. en ladite province et autres du royaume, et que les habitants des dites paroisses de Rié qui sont au nombre de 8 ou 10, sont dans une désobéissance presque ouverte, laquelle il n'y a pas lieu d'espérer de vaincre que par la force, s'étant armés sous prétexte de se défendre des incursions des ennemis et se servant de leurs armes contre ceux qui sont employés pour le recouvrement des deniers de S. M.; qu'outre ce mal, lequel pourrait passer plus avant dans la province, s'il n'y était pourvu, il y en paraît un autre depuis quelque temps, qui est encore de plus grande conséquence : aucuns gentilshommes qui, par leur naissance et par leurs privilèges, sont spécialement obligés à donner l'exemple à tous les autres d'une entière obéissance et fidélité, essayant de former un parti contre l'autorité du roi en ces quartiers-là, et d'y attirer le reste de la noblesse et le peuple, et même ayant tenu des assemblées en Saintonge et Angoumois, et en ayant indiqué une en Poitou, prenant pour prétexte l'imposition qui avait été faite d'un écu par tonneau de vin, bien que, S. M. l'ayant fait révoquer à l'égard de la campagne, ils n'y aient point d'intérêt, et, en outre, prétendant d'être lésés en la recherche des biens aliénés par les ecclésiastiques, quoique ce soit une chose pratiquée en tous les siècles, et qui est fondée sur divers édits, ordonnances et usages du royaume, outre qu'il n'y a rien en cela qui ne soit commun à toutes les autres provinces, et qu'il n'est pas tolérable que des sujets demandent raison à leur souverain par de telles voies;

LL. MM. ont résolu d'y apporter les remèdes convenables, et ayant reconnu que les forces ordinaires que les gouverneurs (sic) et ses lieutenants généraux des dites provinces ont près d'eux ne sont pas suffisantes pour y faire reconnaître leur autorité et faire cesser ces divers mouvements, elles se trouvent obligées, avec beaucoup de regret, d'y en envoyer d'exprès, prévoyant bien qu'il sera impossible que la punition de quelques uns des auteurs de ces entreprises ne cause beaucoup de souci à ses fidèles sujets, et déjà LL. MM. ayant fait avancer deux régiments d'infanterie [1] et deux

---

1. Navarre et Rambures.

de cavalerie [1] vers ladite province de Poitou, en attendant d'être mieux éclaircies de ce qui se passait dans les dites provinces, elles ont estimé nécessaire de les y faire entrer, et pour les employer plus utilement d'envoyer pour les commander une personne qui ait créance près des troupes et toutes les autres bonnes parties nécessaires à cet effet, avec l'autorité requise. Et ayant fait choix du sieur marquis d'Aumont pour cet effet, elles ont voulu, avec le pouvoir qu'elles lui ont fait expédier, lui faire donner la présente instruction pour l'informer de l'état de ces provinces et de ce qu'elles veulent qu'il fasse pour y rétablir une parfaite tranquillité et obéissance.

Il saura que, par divers avis que l'on a eu de ces quartiers-là, les dites paroisses du marais de Rié qui sont cotisées à cent mille livres et plus de tailles et subsistance, n'en payent aucune chose depuis quatre ans ; qu'il y a deux châteaux nommés Beauvoir sur mer [2] et La Garnache [3], appartenant à la demoiselle de Rohan [4], esquels ceux du pays ont mis une forte garnison et ont été si osés que de menacer celles qui sont dans les places de S. M. de les venir attaquer, tous les habitants des dites paroisses s'étant armés sous prétexte d'empêcher la descente des Espagnols en la côte [5], et en un mot étant dans une rébellion formée. Et

---

1. La Ferté et Vervins.
2. Aujourd'hui commune du département de la Vendée.
3. La Garnache, bourg de Vendée, près Challans ; château-fort construit par le connétable de Clisson ; il n'existe plus.
4. Il ne s'agit pas de Marguerite de Rohan, née le 16 juin 1645, morte le 9 août 1684, mariée le 16 juin 1645 à Henri de Chabot, et fille d'Henri, mais de la sœur de ce dernier, Anne (1584-1646), qui fut enfermée au château de Niort à la suite du siège de La Rochelle.
5. La flotte espagnole était tenue en échec par le duc de Brézé, qui la battit sur les côtes de Catalogne, le 9 août et le 3 septembre 1643. (A. JAL, Du Quesne, I, 135). La duchesse de Chevreuse voulait, vers le milieu de l'année 1643, acheter l'Île Dieu à madame d'Asserac pour y placer Alexandre et Henri de Campion qui allaient former un complot contre Mazarin, et y recevoir les Espagnols. Elle réclamait en même temps la Bretagne et l'a-

quant aux assemblées de la noblesse, qu'il s'en est fait deux : l'une au faubourg de Saintes, dans un jeu de paume [1], au mois dernier, en laquelle l'on nomma douze syndics que l'on délibéra d'appeler sages : le sieur marquis de La Caze [2], le sieur de Saint-Léger [3], dans sa maison de Romette, à trois lieues de Saintes, tirant vers Tonnay-Charente, lequel s'est mêlé des plus avant en d'autres pareilles assemblées et nominations tumultuaires de députés, entreprises ci-devant dans la Saintonge ; les sieurs de Bussac [4], Malaville [5], Lavergne [6], Montmouton [7], Saint-Martin La Couldre [8], et cinq autres desquels l'on ne mande pas les noms, qui sont tous de Saintonge ; et le sieur de Châteaucouvert, du même pays, qui fait sa demeure près de Saint-Jean d'Angély, a aussi été député pour la sollicitation des intérêts de l'assemblée.

L'on note entre ceux qui firent le plus de bruit en leur assemblée les sieurs de Bussac, Boisront [9], La Bernardière et

---

miralat pour la famille de Vendôme, aux intérêts desquels MM. de Campion étaient liés. Elle aurait été ainsi maîtresse de la flotte et d'une partie de nos côtes. (CHÉRUEL, I, 154).

1. Voir *Bulletin des archives*, t. III, p. 97.
2. Jacques de Pons. Sa fille Suzanne est fort connue pour la passion qu'eut pour elle le duc de Guise.
3. Sans doute Charles de Courbon, chevalier, seigneur de Saint-Léger et de Romette, canton de Saint-Porchaire.
4. Isaac de Beauchamp, fils de Louis, écuyer, seigneur de Grandfief et de Bussac, et de Françoise Vigier, dame de Saint-Georges des Coteaux ; il épousa Esther de Granges.
5. Emmanuel de Gelinard, sieur de Varaize et de Malaville, marié le 30 juillet 1648 à Marguerite Du Fossé, mort en 1693.
6. Jean Boisseau, seigneur des Moulines et de Lavergne, dont la fille fit passer cette dernière terre dans la famille de Jacques de Turpin de Jouhé, qu'elle épousa en 1668.
7. Jacques Roland, sieur de Montmouton en Archingeay, fils de Jacques, lieutenant particulier de Saint-Jean d'Angély, et de Madeleine d'Abillon.
8. Louis Bouchard d'Aubeterre, sieur de Saint-Martin la Couldre (Voir *Bulletin*, t. IV, p. 115, et les *Archives*, t. XI, p. 121), marié à Catherine-Bérénice de Baudéan-Parabère.
9. René de Saint-Légier, seigneur de Boisrond, d'Orignac, etc., marié à Louise de Blois.

Malaville ; le dernier desquels proposa d'attaquer le bureau de Tonnay-Charente et d'en piller la demeure.

Et par un procès-verbal authentique du lieutenant général au siège présidial de Saintes [1], fait le 24e octobre dernier, il marque qu'outre les dits sieurs de La Case et le nommé Lavergne, il a vu dans leur assemblée et au jeu de paume les nommés Dargence, Descoyeux [2], De Landes [3], Champfleury [4], Montbroy, Des Varennes, La Dorine, Desforgues, La Vigerie [5], Tustal [6], La Case, La Magdeleine [7], Puyballon [8], Saint-Hilaire [9], Fiefgallet [10], Dupuys-Messignac, La Bausse, La Ferrière, Paulouïs (?), des Rabenières [11], Debart, du Bois-Breuil-

---

1. Jean Marsaud, sieur de Lugeon, conseiller du roi en ses conseils, maire de Saintes en 1632 et 1634, époux d'Esther Gay.

2. D'Argence et d'Escoyeux appartenaient tous deux à la famille de Polignac. Léon de Polignac s'était marié en premières noces, le 23 novembre 1577, à Catherine Tizon, fille de Cybard Tizon, chevalier, seigneur d'Argence ; c'est ainsi que la seigneurie d'Argence vint à la famille de Polignac. Le sieur d'Escoyeux ci-dessus désigné devait être son petit-fils.

3. Henry Guybert, seigneur de Landes, fils de Pierre et de Gabrielle Herbert, marié à Diane de Polignac. Le seigneur des Varennes était son frère cadet. Pierre Guybert acquit en 1649 la châtellenie de Coulonges-sur-Charente.

4. Gabriel Gombaud, seigneur de Champfleury, marié en premières noces à Gabrielle de Bremond, en secondes, à Marie de Beauchamp, en troisièmes, à Suzanne de La Rochefoucaud-Bayers ; il était fils d'Henry Gombaud et de Gabrielle Herbert, veuve en premières noces du seigneur de Landes.

5. Charles des Montilz, sieur de La Vigerie (Registres protestants de Saint-Savinien, 1640-1652).

6. René de Tustal, seigneur de La Prévôté, en la paroisse de Saint-Saturnin de Séchaux, époux de Jeanne Pascaud, mort le 6 avril 1674, à l'âge de 62 ans.

7. Sébastien Gadouyn, sieur de La Magdeleine, époux de Jeanne Arrondeau, décédé sans postérité vers 1680.

8. De la famille Goussé. François Goussé était, en 1619, seigneur de Puyballon et de Mons, près Matha ; il avait épousé Héliette d'Hautlieu qui se remaria en 1630 à Antoine de Pazelly, capitaine d'infanterie.

9. Paul de Queux, seigneur de Saint-Hilaire, fils de Jacob et de Jeanne Joly, marié le 14 novembre 1628 à Judith de Villedon, mort en 1678.

10. Nicolas Gallet, sieur de Fiefgallet, époux de Marguerite Queux.

11. Théophile Vigier, sieur des Rabenières.

let, Marencenne et La Giraud [1] le jeune ; et que leur ayant demandé en vertu de quoi et pour quel sujet ils s'assemblaient, ils auraient déclaré que c'était pour la révocation de l'imposition sur le vin ;

Qu'outre tous ceux-là, l'on note encore entre ceux du pays de Saintonge les sieurs de Beaupuy [2] et du Breuil de Chives [3], qui ont accompagné le sieur de Saint-Georges de Vérac [4] à une visite au sieur comte de Parabère, gouverneur de Poitou, étant allé à Lusignan pour empêcher l'assemblée dont il est parlé ci-après.

L'autre assemblée de la noblesse s'est tenue le 8 du mois de novembre dernier au bourg de Montignac-Charente [5], appartenant au sieur duc de La Rochefoucauld [6], à trois lieues d'Angoulême, à la suscitation du sieur Châteaucouvert, pour porter la noblesse d'Angoumois à faire le semblable que celle de Saintonge; et là furent nommés pour sages les sieurs de La Grave, de Châtillon, Chermans, Villeneuf, Linières [7], Rousles, Pressac et Forgues, et député pour agir avec ledit sieur de Châteaucouvert le sieur de

---

1. Benjamin de Vallée, seigneur de La Giraud en Asnières, fils de Paul et de Jeanne Pallet, marié à Rachel Gaillard, ou plus probablement son frère cadet.

2. De la famille Fé. (*Archives*, t. xi, p. 120).

3. Jean du Breuil de Chives, fils de Joachim de Ponthieu, seigneur du Breuil de Chives en 1000, marié à Madeleine de Monberon, c'est le père de Jean-Charles de Ponthieu, émigré en Angleterre en 1685, dont la fille épousa le célèbre Jean Cavalier, chef des camisards des Cévennes.

Tous les gentilshommes indiqués ci-dessus étaient protestants.

4. Olivier de Saint-Georges de Vérac, baron de Coubé.

5. Gervais, dans son *Mémoire sur l'Angoumois*, qualifie le château de Montignac de « vieille masure ». Le bourg, dit-il, contient, « Saint-Étienne joint, quelques 90 feux ».

6. François, duc de La Rochefoucauld, né le 5 septembre 1588, duc et pair en 1622, mort le 8 février 1650 ; grand-maître de la garde-robe, chevalier des ordres, père de l'auteur des *Maximes*.

7. Charles Poussard, fils de Charles Poussard, sieur de Fors et de Linières, et d'Esther de Pons, frère du marquis de Fors et cousin germain de M. de Courcelles dont il va être parlé ; marié en 1630 à Charlotte Accarie du Bourdet.

Couvrelles¹, qui est de la religion prétendue réformée, et beaucoup considéré parmi ceux qui en font profession, qui a habitué en Angleterre, qui y a fait un voyage depuis deux ans pour visiter le sieur de Soubize², qui a toujours paru, durant les guerres de ladite religion, comme un des auteurs des mouvements, s'est maintenant fait député par brigue; à quoi l'on ajoute que l'on croit que les quatre autres sages sont les sieurs de Florac, de Salles, La Vallade et de Riaux, frère dudit sieur de Florac³.

---

1. Jean-Casimir d'Ocoy, marié à Jeanne de La Rochefoucauld du Parc d'Archiac, et qui vivait en 1651 à Saint-Brice (*Bulletin de la société des Archives*, III, 98). Sur le rôle joué par son père Louis d'Ocoy de Couvrelles, voir les *Mémoires* de Michel de La Huguerye, publiés par le baron de Ruble pour la société de l'histoire de France, tome 1ᵉʳ, p. 325.

2. Benjamin de Rohan, mort le 9 octobre 1642 à Londres, où il était retiré depuis 1629.

3. On n'a pas bien éclairci l'histoire des relations des huguenots français avec l'Angleterre pendant la période de paix qui suivit le siège de La Rochelle; un récit complet des relations du gouvernement français avec les mécontents d'Angleterre, d'Ecosse et d'Irlande, n'a pas été fait non plus; mais on trouve d'intéressantes indications dans les ouvrages de M. Gardiner (*History of England from the accession of James I*, 1883-89), dans *The travels and memoirs of sir John Reresby*, édités par Cartwright (Londres, 1875), etc. Les conclusions de M. Vigier (*La politique extérieure du cardinal de Richelieu*, 1630-1638, *Revue des questions historiques*, 1ᵉʳ avril 1889) ont été combattues dans une dissertation inaugurale, qui ne me paraît pas avoir été citée encore dans les publications françaises: *Frankreichs beziehungen zu dem schottischen aufstand (1637-1640)*, par F. Salomon, docteur en philosophie de l'université de Berlin (Berlin, Speyer et Peters, 1890, 60 p. in-8º). M. Salomon explique l'impossibilité d'une alliance entre Richelieu et le parti presbytérien écossais, avec qui l'ambassadeur Bellièvre recommanda vainement une entente; en revanche, le cardinal demandait en 1639 à l'Angleterre de ne pas soutenir les mécontents de Normandie et de Poitou. La cour d'Henriette était toute française, mais peuplée des ennemis de Richelieu; rentrée en France en juin 1643, la duchesse de Chevreuse travailla à réunir la France, l'Espagne et le roi d'Angleterre, et à faire décider une intervention française en faveur de Charles Iᵉʳ, d'accord avec l'ambassadeur, lord Goring, plus tard comte de Norwich, et le commandeur de Jars, très lié avec Henriette; quand la reine elle-même se fut réfugiée en France, elle chercha à intéresser les catholiques et le clergé à sa cause. Le pape entra en relations avec les Irlandais en 1645; mais Mazarin

L'on marque aussi que ceux d'Aulnix ont nommé trois gentilshommes pour syndics ou sages, l'un desquels est ledit sieur de Chives, de la religion prétendue réformée, qui s'est marié à La Rochelle ; les noms des deux autres n'ont point été envoyés ;

Qu'encore que l'on n'ait parlé dans ces assemblées que de demander la suppression de l'imposition d'un écu par tonneau de vin et la décharge des taxes sur ceux qui possèdent des biens ecclésiastiques, néanmoins les discours et les résolutions de tous ceux qui y ont assisté et toute leur conduite n'ont tendu qu'à une révolte, ayant signé une espèce de ligue, nommé des syndics avec pouvoir de délibérer et de convoquer l'assemblée générale en cas de besoin pour se maintenir contre les ordres qui pourraient venir de la part de la reine et la justice si on les maltraitait, proposant d'user de représailles sur les intendants et mesme sur les

---

se tint sur la réserve tant à l'égard du gouvernement royal dans sa lutte contre le parlement qu'à l'égard des Irlandais. (Voir Gardiner, t. XI, p. 319, 370, 411, 432 ; Chéruel, I, 132, 160, 183, et *Lettres de Mazarin*, I, 343, 420, 524, etc.). Il aurait pu craindre des représailles, comme le montre le document que nous publions ; nous ne savons rien d'ailleurs du voyage fait par Courcelles en Angleterre en 1641, ni des relations que ses coreligionnaires ont eu ou pu avoir avec les parlementaires anglais. Pendant les années postérieures, l'Angleterre suivit avec inquiétude nos succès en Flandre, mais fut réduite à l'impuissance par la guerre civile. Guizot et Chéruel ont longuement raconté les intrigues des frondeurs bordelais en 1649 et du prince de Condé en 1650 avec l'Angleterre : il était question d'établir la république en France et de remettre aux Anglais Blaye et La Rochelle ; un émissaire de Cromwell parcourut le midi de la France et reconnut que les protestants ne s'uniraient pas à la faction des princes. (Guizot, *Histoire de la république d'Angleterre*, I, 260 ; Chéruel, *Histoire de France sous le ministère de Mazarin*, I, 59 et suivantes). Les Rochelais, irrités de la tyrannie du comte du Daugnon, imploraient en 1651 l'assistance du roi et de l'armée royale, déclarant que, si la cour les abandonnait, ils se donneraient aux Anglais (Chéruel, op. cit., I, 44). Les catholiques d'Irlande ne cessaient pas d'entretenir des relations avec la France ; on trouve dans le vol. 1,508 des *Mémoires et documents* (*France*) aux affaires étrangères, une liste des Irlandais réfugiés en Bretagne, à la date de 1654 ; en 1655, on arma un navire à Brouage pour aller en Irlande.

gouverneurs ; que chaque gentilhomme ferait état des hommes et des armes qu'il pourrait fournir; qu'en cas de besoin ils prendraient les tailles pour leur solde; que pour se fortifier il fallait solliciter la province de Poitou de faire une assemblée, laquelle, en effet, a été indiquée au quinzième du présent mois en la ville de Lusignan, en laquelle les députés de Saintonge et d'Angoumois se devaient trouver pour donner leurs paroles et en recevoir de réciproques, et ceux d'Aulnix aussi y assister ; qu'ils devaient élire un général et tous les officiers d'une armée qu'ils prétendaient former de quinze ou vingt mille hommes, sans y comprendre le Poitou, et se rendant maistres de La Rochelle, de laquelle seule ils espéraient deux mille hommes, la fortifier, et de là former toutes leurs entreprises ;

Que la proposition de l'assemblée de Poitou indiquée à Lusignan a commencé en la maison du sieur de Saint-Georges de Vérac qui était promoteur d'une autre dès le mois de juin dernier, ayant dès lors pris parole de plusieurs gentilshommes de la province de s'assembler en ladite maison, lesquels il contremanda ; et qu'en ce dernier rencontre les émissaires pour convoquer l'assemblée de Lusignan sont partis de chez lui, et lorsque lui et les autres ont pris résolution de ne s'y point assembler, les contremandements en sont aussi partis, et il est allé trouver ledit sieur de Parabère pour le divertir d'aller à Lusignan, l'assurant qu'il ne s'y trouverait personne, et que, s'il doutait de sa parole, il lui laisserait deux gentilshommes, qui étaient présents, pour otages; et voyant que ledit sieur de Parabère était résolu d'aller à Lusignan, il lui dit qu'il s'y rendrait le 11, et empescherait de s'y rendre ceux qui n'auraient pas été avertis du changement de résolution ;

Que ledit sieur de Saint-Georges étant accompagné de quatre gentilshommes, trois desquels sont de Saintonge et entre autres de Bussac, l'un des sages, de Miraucong (?), de Beaupuy, du Breuil de Chives, de la religion prétendue résonnée, frère du député d'Aulnix, et de Romaneau, gentilhomme du Poitou, aussi de ladite religion, lequel a pareillement aidé à avertir la noblesse de se rendre à Lusignan, alla visiter ledit sieur de Parabère où ledit de Bussac parla fort indiscrètement et les autres ensuite n'en firent guère moins, disant qu'il fallait que leur assemblée se tînt tost ou tard, que la reine ne gardait point la parole qu'elle avait donnée de révoquer l'impost sur le vin, que ledit sieur de Vautorte, intendant de la justice, police et finances en la généralité de Limoges, l'avait voulu établir à Saint-Jean d'Angély, s'échauffèrent si fort qu'ils sortirent de la maison du sieur de Parabère sans prendre congé de lui.

Il y a encore le sieur de Contais, gentilhomme de Poitou, qui a fait plusieurs allées et venues pour débaucher la noblesse de la province, ce qui a aussi été fait par le sieur de Châteaucouvert; et l'on assure en outre qu'il a dit à Poitiers que, si l'on envoyait des troupes dans la province, l'on irait au-devant et l'on les déferait : tous lesquels avis des choses spécifiées ci-dessus ont été extraits des mémoires envoyés depuis peu sur ce sujet par les officiers du roi et par ceux qui sont employés pour son service et ces provinces.

Et le sieur de Soubran [1], qui commande à Angoulême en l'absence du sieur de Brassac [2], ne dissimulera pas que la noblesse s'est adressée à lui pour avoir permission de s'assembler dans ladite ville d'Angoulême, ce qu'il n'a pas voulu souffrir, et que les syndics qui ont été nommés pour l'Angoumois se sont assemblés plusieurs fois, et ont érigé un conseil qu'il appelait abrégé de province, et disposent de

---

1. Jean de La Rochebeaucourt, marquis de Soubran, lieutenant du roi à Angoulême.
2. Jean de Galard de Béarn, comte de Brassac, lieutenant général de Poitou, mort le 14 mars 1645 ; sa femme, nommée dame d'honneur de la reine par Richelieu, avait été, à la demande des ennemis du cardinal, renvoyée de la cour au commencement de la régence.

toutes choses comme si leur autorité était légitime, s'étant assurés par seings et par serment de tout le reste;

C'est pourquoi n'y ayant aucun temps à perdre pour empêcher les effets de la rébellion de Rié et de la mauvaise volonté desdits gentilshommes, l'intention de LL. MM. est que ledit sieur d'Aumont s'achemine en toute diligence en Poitou et lieux où lesdits régiments d'infanterie et de cavalerie se sont avancés, dont le contrôle sera mis en ses mains pour les faire de là marcher droit au marais de Rié, y faisant descendre l'infanterie par la rivière de Loire jusqu'à Nantes, s'il voit qu'il soit plus commode et à propos, ou bien la faisant marcher par terre par les lieues d'étape dont le contrôle lui est aussi donné, et faisant en même temps avancer la cavalerie soit en corps ou autrement pour aller se saisir des principaux lieux du dit marais, et pareillement des châteaux appartenant à Mlle de Rohan, en vertu des lettres que S. M. en écrit à ceux qui y commandent, et de celles que S. M. a trouvé bon d'y faire joindre de la part de ladite demoiselle, pour empêcher qu'il n'y ait aucune difficulté; et ce faisant, d'y établir en garnison le nombre de gens de guerre qu'il verra être à propos et sous le commandement de tel des officiers des dits régiments d'infanterie qu'il voudra choisir;

Qu'en même temps qu'il fasse ôter aux châteaux des dits lieux leurs armes, et les fasse transporter avec lui ou les fasse distribuer à ceux des dites troupes qui en auront besoin, défendant très expressément aux dits châteaux de s'armer à l'avenir, pour quelque cause et sous quelque prétexte que ce puisse être, sans en avoir permission par privilège spécial et par lettres patentes de S. M., signées d'elle, contre-signées d'un des secrétaires d'état et scellées de son grand sceau, sous peine de crime de lèse-majesté;

Qu'il demeure avec toutes les dites troupes dans les paroisses des marais de Rié, jusqu'à ce qu'elles aient satisfait au paiement de ce qu'elles doivent des tailles, subsistance et autres levées dont il sera employé telles parties qu'il conviendra pour le paiement des dites troupes, par les ordres du sieur de Villemontée ;

Qu'attendu la notoriété du crime des dits syndics ou sages et députés de la noblesse, promoteurs et entremetteurs d'assemblées, LL. MM. veulent que ledit sieur marquis d'Aumont les fasse arrêter tous, s'il se peut, et nommément le marquis de La Case, Saint-Léger, Bussac, Malaville, La Vergne, Monmouton, Saint-Martin La Couldre, Châteaucouvert, Boisrond, La Bernardière, Beaupuys et du Breuil, qui sont estimés être tous du pays de Saintonge, les nommés de La Grave, Châtillon, Chermans, Villeneuf, Linières, Rousles, Pressac, Forgues et de Couvrelles, Florac, Salles et La Valade, du pays d'Angoumois, de Chives, frère du député d'Aulnix, Romaneau et de Contais, de Poitou, et tous ceux des autres syndics ou sages ou autres qui auront notoirement promu les dites assemblées, convié les autres à s'y trouver, et qui y auront paru entre les plus séditieux ;

Que pour cet effet, il aille avec les dites troupes où il sera besoin, ou seulement qu'il en détache une partie lorsqu'il verra le pouvoir effectué sans commettre l'autorité de S. M., tenant ce dessein secret jusqu'à ce qu'il le puisse mettre à exécution ;

Que s'étant assuré de leurs personnes ou d'aucuns d'eux, il les fasse mettre en lieux sûrs et au pouvoir du sieur de Villemontée pour leur faire et parfaire le procès, selon l'autorité de sa charge, au plus prochain présidial des lieux où ils auront été arrêtés, et suivant la rigueur des ordonnances contre les perturbateurs du repos public, et par contumace contre leur absence ; et ceux qu'il ne pourra faire arrêter, qu'il appuie par sa présence et par celle des troupes ou partie d'icelles, s'il en est besoin, l'instruction et perfection des dits procès et jugement contre les prévenus du crime de soulèvement et rébellion, et fasse en cela tout ce qu'il avisera avec le sieur intendant pour l'affermissement de l'autorité de LL. MM. ;

Que s'ils s'étaient retirés en quelques maisons, forts ou autres lieux dont il ne les pût avoir qu'avec le canon, il ait à l'y faire mener là, tirant ensemble les munitions nécessaires pour l'exploitation des lieux dont le mémoire lui sera donné, et à employer les forces qu'il commandera, en telle manière qu'il verra être à propos pour faire obéir entièrement S. M. dans les dites provinces ;

Que si quelques gentilshommes ou autres étaient si osés que de s'assembler en armes et se mettre à la campagne, il ait à se porter incontinent aux lieux où ils seront, à les tailler en pièces, ou à les forcer s'ils se mettent en quelque château, en sorte que S. M. soit pleinement obéie, et ceux qui se soulèveront, exemplairement châtiés ;

Qu'en toutes les choses susdites et dès son arrivée en ladite province, il prenne les avis du sieur de Villemontée, intendant de la justice, police et finances en Poitou, Saintonges et Angoumois, et agisse en tout ce que dessus de concert avec lui, tant pour la compétence qu'il s'est acquise de tout ce qui concerne les dites provinces, depuis plusieurs années qu'il y fait ladite charge, que pour la confiance active que LL. MM. ont en sa prudence, fidélité et affection à leur service qu'il a fait paraître en toutes occasions, même en s'employant avec beaucoup de soin et de succès à dissiper de pareilles factions et désobéissances qui se sont ci-devant émus en ces quartiers là.

Il sera bon néanmoins qu'il observe que ledit sieur de Villemontée ayant eu plusieurs différends qui sont assez publics contre le sieur des Roches-Baritaud [1], l'un des lieutenants généraux pour S. M. au gouvernement de Poitou, il

---

1. Gabriel de Châteaubriand, sieur des Roches-Baritault, lieutenant général en Bas-Poitou, marié à Charlotte de Selle ; ou son fils, marié à Suzanne de Rémond.

est juste d'apporter une particulière circonspection aux avis qui seraient donnés d'une part ou de l'autre sur ce qui les concerne ;

Ledit sieur d'Aumont établira une particulière correspondance avec ceux qu'il saura être affectionnés au service de LL. MM., qu'elles savent bien être en bon nombre, et se servira à cette fin des lettres qui sont mises en ses mains ; mais surtout il prendra confiance au sieur évêque de Poitiers qui a fait paraître en ces occasions, comme par le passé en toutes autres, une singulière affection au service de S. M., et qui a un tel crédit dans son diocèse que si l'on y voulait prendre quelque résolution contraire à ce qui est dû à S. M., il serait seul capable de l'empêcher ;

Lesdits sieurs évêque de Poitiers et de Villemontée pourront lui indiquer les principaux gentilshommes et autres desquels il se pourra assurer et à qui il sera bon qu'il donne des lettres de S. M., les distribuant en sorte que cela ne cause aucune jalousie entre eux ;

S'il voyait avec l'avis du sieur de Villemontée et des autres serviteurs de S. M. qu'il ait besoin de se faire assister de la noblesse, il en pourra user ainsi qu'il verra avec eux être à propos ;

Il s'informera de son chef et par le moyen de ceux auxquels il verra se pouvoir confier de toutes les cabales formées ès dites provinces de Poitou, Saintonge et Angoumois qui en sont les auteurs et les véritables causes, et quels remèdes l'on peut y apporter pour s'en garantir à l'avenir et mettre tout-à-fait l'esprit de LL. MM. en repos à l'égard des dites provinces afin de leur en donner son bon avis ;

Il aura un soin particulier de faire vivre les troupes en bon ordre et discipline[1], les obligeant à payer partout comme

---

1. Mazarin avait fait les mêmes recommandations à l'intendant du Languedoc (*Lettres de Mazarin*, I, 413). « L'humanité de Mazarin, dit Chéruel (I, 209), se réduisait à ménager dans le peuple un instrument de pro-

ayant reçu depuis peu leur montre ; en sorte que chacun connaisse qu'elles ne sont envoyées dans les dites provinces que pour assurer le repos et l'obéissance de S. M. sans faire aucune oppression ni foule, s'il se peut, à ses bons sujets, et si quelqu'un contrevenait à ses règlements, elles veulent qu'il le fasse punir exemplairement, et qu'il ordonne aux prévôts des dites provinces de suivre les troupes à cette fin, chacun en leur détroit [1] ;

Que lorsqu'il fera séjour en quelque lieu et même en marchant, il voie à fortifier les troupes, comme il se pourra facilement en un pays où il y a beaucoup de gens de guerre ;

Que pour remettre la cavalerie il traite avec les mestres de camp et officiers des régiments dudit corps de troupes aux mêmes conditions qu'il sait avoir été fait par deçà, et pour cette fin l'on met en ses mains copie des traités qui ont été signés ;

Qu'il fasse payer les dites troupes des montres qui leur seront ordonnées, savoir la cavalerie après la signature des dits traités sur le pied de quarante hommes par compagnie aux conditions portées par iceux, et pour l'infanterie de tout ce qu'il y aura effectivement en chaque compagnie après d'exactes revues;

Qu'au surplus il agisse selon le pouvoir qui lui est donné par sa commission et rende compte à LL. MM. le plus souvent qu'il pourra de l'avancement qu'il fera pour l'effet de leurs instructions et de ce qu'il jugera être à propos pour le maintien de leur autorité et l'avantage de leur service dans les dites provinces, avec assurance que celui qu'il y rendra dans l'occasion présente ne leur sera pas en moindre considération que s'il s'agissait d'une entreprise de très grande réputation au dehors du royaume, n'y ayant rien de

---

duction et de richesse pour la royauté. C'était le troupeau qu'il fallait tondre sans l'écorcher vif. »

1. La même recommandation fut faite au duc d'Épernon. (*Lettres*, 1, 475).

plus important à l'état ni qu'elles aient plus à cœur que de conserver le dedans en son repos et en son entier; et il ne doit pas omettre de publier et faire bien comprendre à un chacun la malice de ceux qui le veulent troubler, tandis que S. M. a toutes ses forces occupées contre les plus puissants ennemis que cette couronne ait jamais eus[1], et le préjudice que ces esprits pernicieux font à leur patrie et pourraient causer à tout l'état, si LL. MM. ne se résolvaient pas avec la sévérité convenable d'arrêter d'abord le cours de leurs desseins; et c'est ce qu'elles peuvent recommander au dit sieur d'Aumont, se remettant du surplus sur ce qu'il verra être à faire pour le mieux par l'avis du dit sieur de Villemontée, lequel S. M. désire qu'il considère particulièrement.

VIII

Addition à l'instruction du sieur d'Aumont : Ordre de marcher droit à Saint-Jean d'Angély, d'apaiser avant tout les troubles de Saintonge et de se concerter avec M. de Langeron. — *Bibliothèque nationale, manuscrit fr. 4,169, f° 73-74. Copie.*

Depuis l'instruction donnée au dit sieur d'Aumont, LL. MM. ayant eu avis que les assemblées de la noblesse continuent en Saintonge et Angoumois, même à Saint-Jean d'Angély, et que les factions et cabales des séditieux s'échauffent de plus en plus de ce côté, et considérant qu'il importe bien davantage de les éteindre et étouffer aux lieux où est leur source que d'aller en l'une des extrémités du Poitou pour chasser la désobéissance de quelques paroisses et les obliger

---

1. Le 24 novembre 1643, Rantzau fut défait à Düttlingen (CHÉRUEL., 1, 256, 266); Rantzau, Montausier, Sirot, Noirmoutier, restèrent prisonniers avec 3,000 hommes; la ville de Rotweill fut reprise par l'ennemi, mais Mercy ne sut pas profiter de sa victoire; Turenne fut placé à la tête de l'armée d'Allemagne et mit l'Alsace en état de défense.

à payer des arrérages des tailles, vu même que c'est chose qui se pourra toujours faire et plus facilement lorsque le reste de la province sera sans aucun trouble, LL. MM. ont trouvé bon d'ajouter la présente à ladite instruction pour ordonner au dit sieur d'Aumont de marcher avec les dites troupes droit au dit Saint-Jean d'Angély et, étant en ces quartiers-là, de pourvoir en toute diligence à faire arrêter les auteurs des dites assemblées et ceux qui les ont promues et ont fait des allées et venues pour cette fin, desquels il lui est ordonné de se saisir par instruction, d'apporter à cela et à leur châtiment toute la diligence possible, de rétablir entièrement l'autorité de S. M. et dissiper toutes les factions qui se sont élevées en Poitou, Aunis et Saintonge et Angoumois, se porter en tous les lieux où il sera nécessaire pour cet effet et tailler en pièces tous ceux qui lui feront résistance, comme il est porté selon ladite instruction et selon le pouvoir qui lui est donné par sa commission ; après quoi, sur les avis qu'il donnera comme les ordres et intentions de S. M. auront été exécutés, et de ce qui sera à faire pour tenir les dites provinces dans un repos assuré, LL. MM. lui enverront leurs ordres plus exprès pour aller vers les paroisses du marais de Rié pour les faire châtier et s'assurer des châteaux qui y sont ; de quoi, cependant, il sera de sa prudence de ne se point ouvrir pour ne donner pas d'alarmes en divers lieux à la fois, et faire les choses pied à pied et aussi sûrement qu'il est convenable pour ne mettre aucunement l'autorité de S. M. en compromis ;

Comme ledit sieur de Langeron doit être à présent à Tulle en Limousin [1] et que l'on estime bien à propos de faire qu'il puisse en un besoin assister ledit sieur d'Aumont, LL. MM. ordonnent au dit sieur de Langeron par une

---

1. Langeron assiégea et enleva Saint-Salvadour, près Tulle, occupé par les paysans révoltés. (Chéruel, I, 210).

dépêche qui est mise en ses mains [1] de se tenir en état d'aller joindre ledit sieur d'Aumont, s'il en est besoin, ou de s'avancer en quelque lieu vers la Saintonge pour lui donner la main suivant les avis qu'il en recevra du dit sieur d'Aumont, lequel aura égard à ne pas divertir le dit sieur de Langeron de l'emploi qu'il est assez utile dans le Limousin, si ce n'est qu'il voie qu'il soit nécessaire pour quelque occasion importante de le faire avancer vers les lieux où il sera, et, en cas qu'ils se joignent, l'intention de LL. MM. est que chacun d'eux conserve le commandement sur le corps que S. M. a mis sous sa charge; agissant néanmoins de concert ensemble, ainsi qu'il est nécessaire pour le bien et avantage du service de S. M. :

Qui est ce que LL. MM. ont voulu prescrire au dit sieur d'Aumont, outre ce qui est porté par ladite instruction, laquelle, pour le surplus, il aura à exécuter.

IX

1643, 30 décembre. — Le roi au comte de Parabère. Avis de la mission donnée au marquis d'Aumont. — *Bibliothèque nationale, manuscrit 4,168, f° 256. Copie.*

M. le comte de Parabère, voyant que les assemblées des factieux de la noblesse de Saintonge continuent et que le mal s'accroît de jour en jour, j'ai résolu de l'arrêter en sa source; et par l'avis de la reine régente, madame ma mère, je fais marcher droit en Saintonge les troupes dont j'avais déjà fait avancer une partie vers le Poitou, afin de les employer avec l'avantage requis, et ayant estimé à propos de donner le commandement à une personne de créance entre les

---

1. Publiée dans les *Lettres de Mazarin*, tome 1ᵉʳ, p. 524 (2 janvier 1644): « J'estime qu'il sera à propos qu'il se forme un commerce entre vous et M. d'Aumont. »

gens de guerre, avec l'autorité requise, j'ai choisi le sieur marquis d'Aumont, maréchal de mes camps et armées, auquel j'ai fait expédier une commission pour agir avec les troupes tant dans les pays de Saintonge et Angoumois qu'en ceux de Poitou et Aunis, et partout où il paraîtra quelque mouvement contre mon service, en sorte que l'obéissance m'y soit pleinement rendue et chacun soit rangé par les voies convenables à son devoir; et parce que le sieur d'Aumont aura à passer dans votre gouvernement et ensuite à y séjourner selon les occurrences, et qu'il verra être nécessaire étant sur les lieux, j'ai bien voulu vous en donner avis et vous dire que vous ayez à l'assister en tout ce qui dépendra de vous et à tenir bonne correspondance avec lui, comme je lui ai donné charge de faire avec vous en toutes les choses qui concernent le bien de mon service et pendant qu'il sera en l'étendue de votre charge. Or, la présente n'étant pour autre fin, je ne vous la ferai plus longue que pour prier Dieu, etc.[1]

X

1643, 30 décembre. — Le roi à l'évêque de Poitiers. — Remerciements pour son intervention. Le roi lui annonce l'envoi de M. d'Aumont. — Bibliothèque nationale, manuscrit 4,168, f° 257. Copie.

M. l'évêque de Poitiers, ayant su combien vous vous êtes employé utilement pour le bien et avantage de mon service envers la noblesse de votre diocèse, sur les factions qui semblent se vouloir élever en Saintonge et Angoumois, et auxquelles on tâche d'engager la noblesse du Poitou, j'ai bien voulu vous témoigner par cette lettre le gré que je vous en sais et vous donner part de la résolution que j'ai prise

---

1. « Il en a été expédié une autre semblable pour le sieur de Jonzac, du dit jour. »

par l'avis de la reine régente, madame ma mère, d'envoyer en ces quartiers-là et droit en Saintonge, où il paraît que le mal prend sa source, un corps de troupes sous le commandement du sieur marquis d'Aumont, maréchal de mes camps et armées, avec ordre de se porter partout où il sera besoin avec mes forces pour ranger un chacun dans le devoir et faire pleinement reconnaître partout mon autorité, et comme dans ces occasions votre présence peut être utilement convenable à Poitiers pour y contenir chacun dans le devoir, je vous exhorte d'y continuer votre séjour jusqu'à ce que ces factions soient entièrement éteintes, et que pour y parvenir vous assistiez ledit sieur d'Aumont de tout ce qui dépendra de vous et de votre crédit, et avec toute la vigueur que requiert la conséquence d'un tel service qui vous est assez connue, vous assurant que celui que vous m'y rendrez sera à la reine ma dite dame et mère, et à moi, en toute la considération possible ; et, nous remettant, elle et moi, sur ledit sieur d'Aumont de vous donner des témoignages plus particuliers de notre parfaite confiance en vous et de l'estime singulière que nous faisons de votre personne, je n'ajouterai rien à cette lettre que pour prier Dieu, etc.

XI

1643, 30 décembre. — Le roi à l'évêque de Saintes [1] au sujet de l'envoi des troupes de M. d'Aumont. — *Bibliothèque nationale, manuscrit 4,168, f° 258. Copie.*

M. l'évêque de Saintes, bien que je sache assez que votre affection pour le bien et avantage de mon service et le repos de cet état est telle qu'elle n'a pas besoin d'être excitée dans les occasions qui se peuvent offrir de m'en donner des

---

1. Jacques Raoul de La Guibourgère.

preuves, néanmoins, comme il n'en peut s'offrir en laquelle je la considère davantage que sur les factions que quelques esprits malicieux et impatients du repos public et de leur paroisse tâchent d'exciter en vos quartiers, ayant été que de tenir des assemblées sans ma permission et d'y nommer des syndics et députés et de former des associations contre mon autorité et mon service, j'ai bien voulu vous donner part de la résolution que j'ai prise d'envoyer en ces quartiers-là et droit en Saintonge et Angoumois, où il paraît que le mal prend sa source, un corps de troupes de cavalerie et infanterie sous le commandement du sieur d'Aumont, maréchal de mes camps et armées, avec ordre de se porter partout où il sera besoin pour ranger un chacun dans le devoir et faire pleinement reconnaître mon autorité, vous exhortant d'employer votre pouvoir et crédit pour assister ledit sieur d'Aumont pour un effet de cette conséquence et pour contenir chacun dans son devoir, et vous assurant que ce que vous y contribuerez sera à la reine, ma dite dame et mère, et à moi en singulière considération. Sur quoi, me remettant au dit sieur d'Aumont de ce que je pourrais ajouter à cette lettre, je ne la ferai plus longue que pour prier Dieu qu'il vous ait, etc.

Louis.

Il en a été expédié une semblable ledit jour pour M. l'évêque d'Angoulême, pour le même sujet.

XII

1643, 29 décembre. — Le roi à François de Villemontée. Qu'il assiste M. d'Aumont dans l'exécution de sa mission; procéder avec rigueur contre les perturbateurs. — *Bibliothèque nationale, manuscrit 4,168, f° 259. Copie.*

M. de Villemontée, ayant vu par les lettres que vous avez écrites et les mémoires que vous avez envoyés au sieur Le

Tellier l'état des affaires de vos quartiers, j'ai jugé par l'avis de la reine régente, madame ma mère, que pour empêcher les suites de toutes les cabales et factions qui se forment en Poitou et aux provinces voisines, il était à propos d'y envoyer la force et d'y faire marcher les troupes partant d'Orléans, qui sont déjà avancées vers ce pays-là, que pour les employer utilement il en fallait donner le commandement à une personne qui eût créance avec les gens de guerre ; et, ayant choisi pour cet effet le sieur d'Aumont, maréchal de mes camps et armées, duquel je crois que les bonnes qualités vous sont assez connues, je lui ai commandé de commencer par les marais de Rié, d'y aller droit, d'y loger avec les troupes, se saisir des châteaux qui y sont, contraindre les habitants à payer tout ce qu'ils doivent d'arrérages des deniers de mes tailles et subsistance, et d'y demeurer jusqu'à ce qu'ils y aient satisfait, pour être employé ce qu'il conviendra au payement des dites troupes, suivant les extraits que j'en ferai expédier et vos ordonnances particulières ; qu'aussitôt après avoir fait le châtiment de ceux de Rié ou en le faisant même, s'il se peut, il aille ou envoie quelque corps détaché des dites troupes, se saisir de ceux qui ont été nommés pour sages ou syndics dans les assemblées tenues par la noblesse en Saintonge et Angoumois, de ceux qui ont été choisis pour députés et qui ont fait les allées et venues pour convier les autres à s'y trouver, ceux qui ont été députés de la noblesse d'Aunis, ceux de Poitou qui avaient indiqué l'assemblée de Lusignan et fait les allées et venues pour la convocation d'icelle. Sur quoi comme sur tout ce qu'il aura à faire en ces quartiers-là, sachant combien vous pouvez lui aider par la connaissance que vous avez du général et des particuliers des dites provinces, et par votre prudence et affection à mon service, je lui ordonne de conférer de toutes choses avec vous et de vous communiquer les instructions et les ordres que je lui ai donnés pour l'exécution desquels j'estime qu'il est à propos que vous agissiez avec lui autant qu'il se pourra, aux choses qui dépendent de votre charge. Je désire que vous vous rendiez au lieu où il se trouvera dans le Poitou, que vous lui donniez une entière connaissance de l'état présent des dites provinces, que vous vous employiez avec lui en tout ce qui sera à faire pour le maintien de mon autorité, que vous fassiez le procès de ceux qui pourront être arrêtés entre les coupables des dites factions et assemblées, selon le pouvoir de votre commission et selon la rigueur des ordonnances contre les perturbateurs du repos public, faisant raser leurs maisons, couper leurs bois et donnant contre eux toutes les marques et les effets d'un châtiment qui sert d'exemple à la postérité, et que vous procédiez avec la même rigueur par contumace contre les absents et ceux qui ne peuvent être pris; sur quoi vous pourrez vous servir du procès verbal de l'assemblée tenue aux faubourgs de Saintes, fait par le lieutenant général au présidial dudit Saintes, auquel je mande de vous fournir toutes les autres preuves qu'il pourra par une lettre qui sera ci-jointe avec ledit procès verbal. J'ordonne aussi audit sieur d'Aumont que, s'il y a quelqu'un des coupables qui soit dans le département du sieur de Vautorte, intendant de la généralité de Limoges, il le fasse remettre en son pouvoir pour être puni de la même sorte. Je mande audit sieur de Vautorte de procéder pareillement contre les absents, sur quoi vous aurez, avec ledit sieur d'Aumont, à tenir toute bonne correspondance, en sorte que les affaires des dites provinces aient tant de liaison entre ceux qui y seront employés y agissant avec une parfaite correspondance, et me remettant aux ordres que j'ai donnés audit sieur d'Aumont de ce que je pourrais vous dire de plus particulier sur ce sujet, et me promettant de votre bonne conduite comme de la sienne que toutes choses se passeront par delà pour le plus grand avantage de mon service, je ne vous ferai la présente plus longue que pour prier Dieu qu'il vous ait, etc.

XIII

1643, 30 décembre. — Le roi à Villemontée. Modification des instructions données à M. d'Aumont; ordre à Villemontée de se rendre avec d'Aumont à Saint-Jean d'Angély. — *Bibliothèque nationale, manuscrit 4,168, f° 261. Copie.*

M. de Villemontée, depuis que mon autre dépêche a été écrite, ayant su que les assemblées des factieux de la noblesse de Saintonge et Angoumois continuent, même qu'elles s'échauffent de plus en plus, et qu'il s'en est tenu nouvellement une à Saint-Jean d'Angély, j'ai estimé par l'avis de la reine régente, madame ma mère, qu'il fallait couper le mal à sa racine, et qu'il était beaucoup plus important et nécessaire de dissiper une faction de gentilshommes que d'aller châtier les paroisses rebelles de Rié et les contraindre au payement des arrérages des tailles. C'est pourquoi j'ordonne au sieur d'Aumont d'aller droit et le plus diligemment qu'il pourra, avec mes troupes qu'il commande, à Saint-Jean d'Angély, de s'employer avec mes forces pour ranger chacun à son devoir, de faire arrêter sept ou huit des principaux auteurs des assemblées faites en ces quartiers-là, et ceux qui les ont promues et indiquées, et sont allés et venus pour cela, de tenir la main à ce que leur châtiment soit exemplairement et entièrement fait, et de se porter partout où il faudra, en Saintonge, en Angoumois, Aunis et Poitou, pour cet effet, pour le rétablissement entier de mon autorité et de l'obéissance parfaite de tous mes sujets des dites provinces, et j'entends que vous vous rendiez audit Saint-Jean d'Angély avec ledit sieur d'Aumont et l'accompagniez partout où il sera dans les dites provinces avec mes troupes, que vous vaquiez incessamment à faire et parfaire le procès par contumace de ceux qu'il aura fait arrêter et à instruire le procès par contumace de ceux qui subsisteront, que là où le sieur de Vautorte sera présent vous y travailliez avec lui et agissiez ensemble dans une entière correspondance, laquelle je lui mande d'observer de sa part avec vous, et après que vous m'aurez donné avis que mes instructions auront été exécutées pour la dissipation des dites factions et punition des auteurs des assemblées, j'adresserai audit sieur d'Aumont et à vous mes ordres de ce qu'il faudra faire pour le châtiment de la rébellion de Rié, de laquelle cependant il sera bon de ne faire aucun éclat, et au contraire d'en dissimuler le dessein pour faire les choses plus sûrement, en les exécutant pied à pied et sans mettre aucunement mon autorité en compromis. C'est ce que la reine, madame ma mère, et moi avons cru à propos d'ajouter aux ordres que j'avais déjà donnés audit sieur d'Aumont, et à la dépêche que je vous avais faite sur le sujet des dites factions, laquelle au surplus vous aurez à suivre, et la présente n'étant pour autre fin, je prie Dieu, etc.

Il en a été expédié une pour le sieur de Vautorte pour le même sujet et dans le même sens que celle ci-dessus, ledit jour.

XIV

1643, 30 décembre. — Le roi aux gentilshommes du Poitou, Saintonge, Angoumois et Aunis. Envoi du marquis d'Aumont. — *Bibliothèque nationale, manuscrit 4,168, f° 265. Copie.*

Monsieur, encore que je tienne votre fidélité et affection à mon service si entières que je n'estime pas qu'il soit besoin de les exciter sur aucune occasion, néanmoins, comme il ne s'en peut offrir en laquelle les preuves de votre zèle soient plus considérables que sur les factions excitées en vos quartiers par aucuns gentilshommes qui, par leur naissance et les avantages attachés à leur condition, sont obligés à donner l'exemple aux autres du devoir de fidèles sujets, cependant, nonobstant aucun moyen pour former une ligue contre mon autorité et service et pour attirer tout le reste à leur conspiration, j'ai désiré vous faire cette lettre par l'avis de la reine régente, madame ma mère, pour vous témoigner qu'en envoyant en Poitou, Saintonge, Angoumois et Aunis, un corps de troupes de cavalerie et infanterie sous le commandement du sieur d'Aumont, maréchal de mes camps et armées, pour l'employer à maintenir mon autorité et le repos des dites provinces. Je désire que vous lui donniez toute l'assistance qui sera en votre pouvoir et employiez votre crédit et celui de vos amis pour lui aider à dissiper ces associations, desquelles la reine, ma dite dame et mère, et moi recevons un extrême déplaisir. Néanmoins, nous ne serions pas portés à employer ce remède extrême, s'il n'était absolument nécessaire pour empêcher la confusion de toutes choses et la ruine totale de nos sujets dans les dites provinces, sachant assez qu'il est impossible d'employer ces voies contre les méchants sans qu'il arrive quelque peine et souci aux innocents. Mais nous espérons qu'avec l'aide de Dieu et par votre diligence extraordinaire à couper le mal en sa racine, nous remettrons bientôt le calme dans les dites provinces et nous vous assurons, la reine régente, ma dite dame et mère, et moi, que nous reconnaîtrons très volontiers les services que vous nous y rendrez en ce qui s'offrira pour votre avantage, et la présente n'étant pour autre fin, je ne vous la ferai plus longue que pour prier Dieu qu'il vous ait, etc. LOUIS.

XV

1643, 30 décembre. — Le roi aux maire, échevins et habitants de Poitiers. Envoi du marquis d'Aumont. — *Bibliothèque nationale, manuscrit 4,168, f° 267. Copie.*

De par le roy. Très chers et bien-aimés, les preuves que vous avez données au feu roy, notre très honoré seigneur et père, dans les mouvements armés, durant son règne, de la fidélité et affection inviolable à notre service, et les assurances que vous nous en avez renouvelées depuis peu, font que nous ne doutons nullement que sur les émotions que quelques factieux veulent susciter dans notre province de Poitou, vous ne nous rendiez le même devoir de bons et fidèles sujets. Mais comme il est à propos principalement dans la ville capitale de la province que chacun se tienne bien dans une même affection pour notre service et pour la conservation de son repos, et qu'aucun ne se laisse surprendre à la malice et aux artifices de ceux qui voudront former des cabales pour jeter les autres dans les factions et la désobéissance, nous avons bien voulu, par l'avis de la reine régente, notre très honorée dame et mère, vous faire savoir par cette lettre, comme nous envoyons le sieur marquis d'Aumont avec un corps de troupes de cavalerie et d'infanterie pour étouffer ces mouvements en leur naissance et se porter où le mal paraîtra et y remédier avec la diligence et l'autorité nécessaires, à quoi nous sommes bien marris avec la reine régente, notre dite dame et mère, d'être obligés d'employer la force, sachant assez combien il est difficile de garantir les bons et les innocents de la foule et des incommodités que les méchants et séditieux attirent sur eux ; et nous avons désiré de vous exhorter de veiller à votre conservation, même de faire la garde, s'il est besoin, et s'il vous est aussi ordonné de notre part par ledit sieur d'Aumont, et de l'assister de tout ce qui dépendra de vous pour l'effet de nos volontés et de nos ordres, et, nous remettant à lui de ce que nous pourrions vous ordonner plus particulièrement sur ce sujet, nous vous assurons que nous vous saurons autant de gré de vos témoignages de fidélité et affection que nous ferons sentir sûrement notre indignation contre ceux qui s'éloigneront de leur devoir ; sur quoi nous ne vous ferons la présente plus longue ni plus expresse. N'y faites donc faute, car tel est notre plaisir. Donné à Paris le 30 décembre 1643. Louis.

XVI

1643, 31 décembre. — Lettre du roi au lieutenant général du présidial de Saintes. Informer contre les auteurs de l'assemblée de Saintes. — *Bibliothèque nationale, manuscrit 4,168, f° 268. Copie.*

De par le roy. Notre amé et féal, nous avons vu le procès verbal que vous avez dressé sur le sujet de l'assemblée tenue par quelques factieux de la noblesse de Saintonge en un jeu de paume des faubourgs de notre ville de Saintes, de laquelle nous avons été d'ailleurs bien avertis, et nous avons été très aises de reconnaître une marque de votre soin et affection pour notre service. Mais il eût été à désirer que vous nous eussiez tenu informé des autres de cette assemblée et que vous eussiez continué votre diligence pour en découvrir les auteurs et parce que c'est chose très importante à notre service et du tout pour le maintien de notre autorité. Nous vous faisons cette lettre par l'avis de la reine régente, notre très honorée dame et mère, par laquelle nous vous mandons et enjoignons très expressément d'informer diligemment et exactement contre les auteurs et coupables de ladite assemblée et des autres particulières et secrètes que vous assurez avoir été tenues depuis peu en ces quartiers-là, tant par les syndics ou sages nommés en celle-là que par d'autres, et que vous en envoyiez les procédures au sieur de Villemontée, et lui administriez toutes les preuves qui vous seront possibles pour la conviction des dits coupables, vous assurant que vous nous ferez en cela un service très agréable. N'y faites donc faute, car tel est notre plaisir. Paris, le dernier décembre 1643. Louis.

XVII

1643, 31 décembre. — Ordre pour défendre à toutes sortes de personnes de faire des levées dans le royaume sans la permission de sa majesté.— *Bibliothèque nationale, manuscrit 4,168, f° 269. Copie.*

De par le roy. S. M. étant bien avertie qu'aucuns princes étrangers font des levées de gens de guerre dans le royaume, au préjudice de l'état, même dans une guerre ouverte contre des puissances ennemies, ce qui oblige S. M. à se servir de ses sujets, mais encore de ceux des pays alliés de cette couronne, et considérant qu'il serait à craindre qu'il n'en arrivât de grands inconvénients et qu'ils pourraient s'accroître de jour à autre, s'il n'y était promptement pourvu, S. M., de l'avis de la reine régente, sa mère, a défendu et défend très expressément à toutes personnes, de quelque qualité et condition qu'elles soient, de faire aucune levée de gens de guerre dans les pays, terres et seigneuries de son obéissance, et d'en tirer des hommes soit par mer ou par terre pour quelque cause ou sous quelque prétexte que ce puisse être, si ce n'est en vertu des commissions ou permissions de S. M., signées d'elle et contre-signées du secrétaire d'état qui a le département de la guerre, et scellées de son grand sceau, à peine de la vie à ceux qui feront les dites levées et à tous ceux qui s'y enrôleront, voulant S. M. que la présente soit publiée en toutes les provinces et villes du royaume et spécialement frontières, ports et hâvres d'icelui, à ce qu'aucun ne prétexte cause d'ignorance; mande et ordonne S. M. aux gouverneurs et aux lieutenants généraux des dites provinces, intendants de la justice en icelles, gouverneurs particuliers des villes et places, baillis, sénéchaux, prévôts, leurs lieutenants et autres juges, de se saisir des contrevenants et arrêter les gens de guerre qui se trouve-

raient sortant du royaume par mer et par terre, pour être punis exemplairement selon la rigueur des ordonnances, et de tenir la main, chacun en son ressort et à la publication de la présente. Fait à Paris, le dernier décembre 1643 [1].
Louis.

XVIII

1644, 15 février. — *Le roi au sieur marquis d'Aumont. Remerciements ; puisque les gentilshommes ont fait leur soumission, M. d'Aumont peut mettre en liberté MM. de Chives et de Couvrelles et faire cesser toutes recherches ou poursuites.* — *Bibliothèque nationale, manuscrit 4,170, f° 40. Copie.*

M. le marquis d'Aumont, j'ai eu beaucoup de satisfaction avec la reine régente, madame ma mère, de voir, par les dépêches que vous avez adressées au sieur Le Tellier, avec combien de soin vous avez commencé d'exécuter toutes les choses que je vous ai ordonnées pour le châtiment des auteurs et coupables des mouvements, qu'il semblait que la noblesse eût eu dessein d'exciter dans mes provinces de Poitou, Saintonge, Angoumois et pays d'Aunis, ayant fait arrêter les sieurs de Chives et de Couvrelles, fait une exacte recherche de tous les auteurs notés par votre instruction, et logé des troupes dans leurs maisons et terres. Et j'aurais fait exécuter entièrement la punition que j'avais résolue con-

---

1. Mazarin recommanda, le 2 janvier (*Lettres*, I, 524), à Langeron d'établir des communications entre le Rouergue et le Poitou. Le 20 janvier 1644, il écrivit à du Rivau, lieutenant de roi en Poitou, de continuer à prévenir les désordres (*Lettres*, I, 569) ; le 2 février, dans une lettre à d'Aumont (t. 1er, p. 563), il se félicitait que « l'approche des armes du roi ait dissipé les factions ». Le 4 janvier, il avait manifesté à Turenne (t. 1er, p. 535) l'intention d'attacher d'Aumont à l'armée d'Allemagne. — La minute de la lettre du 2 février au marquis d'Aumont se trouve dans le vol. 1,696 du fonds *France* aux affaires étrangères, f° 123.

tre eux, si je n'avais reçu tant de soumissions de la part des gentilshommes des dites provinces et tant d'assurance que tout ce qu'ils ont fait n'a été à aucune mauvaise intention, et qu'ils veulent demeurer inviolablement dans la fidélité et obéissance qu'ils me doivent, tant par ceux d'entre eux qui sont tenus par deçà, lesquels même se sont volontairement rendus prisonniers dans mon château de la Bastille, que par toutes les personnes qualifiées des provinces qui sont près de moi, que je n'ai pas eu de lieu d'en douter. Et c'est ce qui m'a convié à oublier leur faute par l'avis de la reine régente, ma dite dame et mère, à faire mettre en liberté ceux qui étaient entrés en la Bastille, et à décharger de peine tout le reste. Son intention et la mienne est donc que vous fassiez incontinent mettre en liberté les dits sieurs de Chives et de Couvrelles, vous servant des lettres ci-jointes à cet effet, que vous retiriez des maisons et terres de tous ceux qui ont été marqués par votre instruction et autres gentilshommes les gens de guerre que vous y avez logés ; et que, comme ils avaient été envoyés dans les dites provinces pour le châtiment de ceux qui se seraient départis de mon service, aussi je désire, à présent que je suis assuré de la fidélité d'un chacun, les en soulager ; et pour cet effet est que vous fassiez, aussitôt la présente reçue, marcher les régiments de Navarre et de Rambures par deçà, et de loger les régiments de La Ferté-Senectaire et de Maneville, de cavalerie, en telles villes ou bourgs des dites provinces que vous estimerez les plus commodes et à propos, prenant un soin particulier de les y faire tenir en bon ordre en attendant que je vous envoie les routes des dits régiments d'infanterie pour tenir aux garnisons que je leur ordonnerai et les ordres pour le logement des dits régiments de cavalerie aux lieux où ils auront à demeurer ; que ce faisant que (sic) les sieurs de Villemontée et de Vautorte auxquels j'écris aussi, ce qui est en cela de ma volonté, tous autres juges cessent toutes recherches et poursuites contre tous ceux qui sont dénommés dans votre instruction et autres qui étaient accusés d'avoir eu part aux assemblées de la noblesse des dites provinces, à la charge toutefois que ceux qui se sont retirés des dites provinces, sur les poursuites qui ont été faites contre eux, feront leur déclaration pardevant les juges royaux des lieux de leur domicile, que dans les assemblées auxquels ils ont assisté, ils n'ont eu aucun dessein contre mon service et qu'ils demeureront inviolablement dans l'obéissance et fidélité qu'ils me doivent ; et que vous fassiez connaître aux principaux gentilshommes d'icelles et à tous ceux que vous verrez être à propos, que je ne me suis porté avec la reine régente, madame ma mère, à user de cette bonté, à l'endroit de ceux qui sont tombés en cette faute, que sur la confiance que je prends en l'affection entière à mon service de toute la noblesse, les exhortant en général et en particulier à me la continuer et à se départir de toutes choses qui donneront le moindre sujet de soupçonner aucun d'eux de faction ou dessein éloigné de leur devoir, les assurant bien expressément que tant qu'ils y demeureront, ils seront traités comme ils le peuvent espérer, non seulement des soins que la reine, ma dite dame, et moi voulons prendre de tout ce qui est du bien général de l'état et de tous mes fidèles sujets, mais de l'inclination particulière qu'elle et moi aurons pour le maintien et les avantages de la noblesse.

Et parce qu'il a été fait beaucoup de plaintes des désordres des gens de guerre qui ont logé dans les dites provinces, l'intention de la reine, ma dite dame et mère, et la mienne est que les sieurs de Villemontée et de Vautorte par (sic) les juges royaux des lieux où ils ont logé ou des plus prochains, pour leur en être les informations adressées et par eux envoyées à mon conseil, pour les ayant vues en ordonner ce que je verrai être juste et raisonnable ; c'est ce que je vous dirai par cette lettre, priant Dieu qu'il vous ait, monsieur le marquis d'Aumont, en sa sainte garde. Ecrit à Paris, le xve février 1644. Louis.

XIX

1644, 16 février. — Le roi au marquis d'Aumont, pour faire mettre en garnison en Poitou et autres provinces les troupes qu'il commande. — *Idem, manuscrit 4,170, f° 40. Copie.*

M. le marquis d'Aumont, j'ai vu toutes les dépêches que vous avez adressées au sieur Le Tellier sur les affaires des provinces où je vous ai envoyé, et, en attendant que je vous en mande ma résolution, j'ai bien voulu vous faire cette lettre par l'avis de la reine régente, madame ma mère, pour vous dire que vous ayez, aussitôt icelle reçu, à retirer les troupes, tant de cavalerie que d'infanterie, des lieux où vous les avez logées à la campagne, et les établir en garnison en telles villes et lieux fermés du Poitou, de la Saintonge et de l'Angoumois que vous estimerez plus à propos, à l'exception toutefois de la ville de Poitiers, comme étant capitale d'une grande province, de celles de Saintes, d'Angoulême et de Cognac, en considération de ce qu'elles sont chargées du logement, de l'avance de la nourriture de plusieurs prisonniers de guerre espagnols, vous recommandant de choisir les lieux où la cavalerie et l'infanterie pourront subsister le plus commodément et y vivre avec ordre, tout ainsi que font celles qui sont logées dans mes autres provinces, suivant mes règlements du quartier d'hiver, en sorte que les habitants des lieux de leurs garnisons ni les autres n'en reçoivent aucun souci ni oppression, faisant loger tel nombre des dites troupes que vous verrez être à propos aux lieux qui manquent à payer les deniers de mes tailles et subsistance, par mauvaise volonté, suivant les avis que vous en recevrez des sieurs de Villemontée et de Vautorte, et observant de ne pas donner de département aux lieux que j'ai ordonnés pour y faire les recrues d'aucune de mes troupes dont vous serez informé par le contrôle ci-joint; et la présente n'étant pour autre fin, je prie Dieu, etc.

XX

1644, 22 février. — Le roi au sieur de Villemontée. Le roi veut bien pardonner aux gentilshommes qui avaient tenu des assemblées ; instructions au sujet de la discipline des troupes. — *Bibliothèque nationale, manuscrit 4,170, f° 42. Copie.*

M. de Villemontée, ayant considéré vos dépêches avec celles du sieur d'Aumont sur le sujet des affaires de Poitou, Saintonge, Angoumois et Aunis, et ayant reçu toutes les soumissions et assurances de fidélité et affection à mon service que je pourrais désirer des gentilshommes de ces quartiers-là, tant par ceux d'entre eux qui sont venus ici, qui même se sont volontairement rendus dans la Bastille, que par toutes les personnes qui sont par deçà, j'ai bien voulu, par l'avis de la reine régente, madame ma mère, faire mettre en liberté ceux qui sont entrés en la Bastille, et les sieurs de Chives et de Couvrelles que ledit sieur d'Aumont a fait arrêter ; et je lui mande qu'il fasse déloger les gens de guerre qu'il avait envoyés dans les maisons et terres des dits gentilshommes et de ceux qui étaient accusés d'avoir eu part au mouvement qu'il semblait que l'on voulait exciter dans les dites provinces ; que, comme je les veux décharger des troupes que j'y avais envoyées pour le châtiment de ceux qui faisaient paraître avoir des sentiments contraires à mon service, je désire qu'il fasse tenir par deçà les régiments de Navarre et de Rambures, établissant ceux de cavalerie de La Ferté-Senectaire et Maneville en garnison en telles villes et bourgs fermés des dites provinces qu'il verra être plus commodes et à propos, où j'entends qu'ils vivent suivant mes règlements du quartier d'hiver, ayant ordonné que le fonds de leurs montres[1] leur soit porté pour cet effet, et ce, en attendant que ledit sieur d'Aumont reçoive la route et les ordres pour loger les dits régiments de Navarre et de Rambures, et que je lui mande où je résoudrai aussi de faire demeurer les dits régiments de cavalerie. Ce que j'ai bien voulu faire savoir par cette lettre et vous dire par l'avis de la reine régente, madame ma mère, que ce faisant, j'entends que vous cessiez et fassiez cesser toutes les poursuites et recherches commencées contre les gentilshommes qui se sont trouvés aux assemblées tenues sans ma permission dans les dites provinces, à condition toutefois que ceux qui se sont retirés des dites provinces à cause des dites poursuites, fissent leurs déclarations pardevant les juges royaux des lieux de leurs demeures, que dans les assemblées auxquelles ils ont assisté, ils n'ont eu aucun dessein contre mon service et qu'ils demeureront inviolablement dans l'obéissance et fidélité qu'ils me doivent ; en quoi vous aurez à faire valoir la bonté dont la reine régente, madame ma mère, et moi voulons user envers les dits gentilshommes, en sorte que chacun d'eux s'affermisse de plus en plus à la fidélité qui m'est due. Je vous dirai aussi que vous ayez à tenir la main à ce que les troupes vivent en bon ordre, tandis qu'elles seront dans la généralité de Poitou, obligeant celles qui y tiendront garnison à suivre ponctuellement mes règlements du quartier d'hiver et faisant fournir les vivres par étapes aux autres en tous les lieux de leur passage, vous assurant que les services que vous me rendrez en l'exécution de ce qui est en cela de ma volonté me seront très-agréables, et sur ce je prie Dieu qu'il vous ait, M. de Villemontée, en sa sainte garde. Écrit à Paris, le 22 février 1644. Louis.

Il en a été expédié une semblable au sieur de Vautorte pour le même sujet, ledit jour.

---

[1]. Soldes ; ce sens du mot montre est dérivé des montres ou revues qui étaient suivies du paiement de la solde.

XXI

1644, 23 février. — Le roi au marquis d'Aumont. Qu'il se tienne prêt à quitter la Saintonge avec ses troupes pour aller investir le château du duc de Vendôme et arrêter ce prince. — *Bibliothèque nationale, manuscrit 4,170, f° 66 à 67. Copie* 1.

M. d'Aumont, n'ayant pas sujet d'être satisfait de la conduite de mon oncle, le duc de Vendôme, j'envoie vers lui le sieur [*nom en blanc*] 2, l'un de mes ordinaires, par l'avis de la reine régente, madame ma mère, pour lui ordonner de se rendre près de moi, et, au cas qu'il y manque, j'ai donné ordre audit..... d'aller en diligence vous porter de ma part cette lettre par laquelle je vous ordonne qu'aussitôt que vous l'aurez reçue vous ayez à vous acheminer en tel lieu qu'il vous dira avec mes troupes de cavalerie et infanterie que vous commandez, le plus diligemment que vous pourrez pour investir la ville et le château où mondit oncle sera, en sorte qu'il n'en puisse sortir, et s'il tentait de le faire, vous ayez à l'arrêter, sinon que vous demeuriez avec mes dites troupes au poste que vous aurez pris et me fassiez savoir s'il y sera ou non, pour vous donner ordre de ce que vous aurez à faire, que, s'il en sortait sans que vous le puis-

---

1. On trouve dans le même manuscrit, f° 23 et suivants, des lettres du roi et de la reine à M. de Vendôme, pour qu'il fasse remettre à M. de Bazoche, lieutenant des gardes, les sieurs Brillet, Feucrey, Beauregard et Gimay qui se trouvaient près de lui et que le roi voulait faire arrêter ; à M. de Corberon et à M. de Bazoche sur le même sujet. Le duc de Beaufort, fils du duc de Vendôme, ayant formé un complot contre la vie de Mazarin, avait été enfermé à Vincennes ; ses complices se réfugièrent à Anet, chez le duc de Vendôme. Ils s'enfuirent en Italie quand ils apprirent qu'on allait les arrêter. (Chéruel, tome 1er, page 198 ; Retz, 1, 227 ; Cousin, *Madame de Chevreuse*, p. 250 ; Molé, III, 87-95.

2. Il est dit, pièce XXIII, que le roi choisit pour cette mission M. de Neuilly.

siez arrêter ou qu'il fût sorti du lieu où ledit sieur... l'aura laissé avant que vous fussiez arrivé, vous le suiviez avec la cavalerie que vous avez en quelque part qu'il aille, et n'oubliez aucune diligence pour l'arrêter, et que vous me rendiez compte par ledit sieur... de ce que vous aurez fait en exécution de la présente, laquelle n'étant pour autre fin, je prie Dieu, etc.

XXII

1644, 1er mars, Poitiers. — Lettre (anonyme) au cardinal Mazarin (?) Renseignements au sujet de l'assemblée de Lusignan ; relations des huguenots avec l'Angleterre ; conduite de M. de Parabère, de l'intendant et de l'évêque de Poitiers ; effet produit par la générosité du roi ; misère de la province. — *Archives des affaires étrangères, mémoires et documents, France, vol. 1,696, f° 124. Original.*

Etant arrivé dans le pays, je me suis enquis exactement de la vérité des choses dont je vous ai parlé plusieurs fois pour vous dire ce qui s'y passoit de plus certain. Pour ce qui est de l'assemblée, j'ai vu qu'elle avoit été en effet, et que les huguenots avoient envoyé en Angleterre pour acheter des armes en cas qu'ils en eussent besoin, et afin que le secret fust mieux gardé et qu'ils puissent estre moins découverts, ils attirent les catholiques à eux. Le gouverneur de la province savait cette intrigue et a fermé les yeux jusques à ce que MM. l'évêque de Poitiers et de Villemontée les lui aient ouverts et sommé d'empescher cette assemblée, ce qui se fit comme vous avez su. Ceux dont il s'est servi pour empescher le cours de cette révolte, étaient ceux-là mesme qui en étaient les auteurs, et je ne m'étonne pas s'il n'a pas eu le crédit en cour de les justifier, et s'il est en état de se défaire de son gouvernement. Tout le mal a été produit dans notre voisinage, et à croire les plus sensés, M. de Saint-Georges de Vérac était le pilote de cette affaire: car, outre son intérêt particulier, ceux qui ont fait les allées et venues pour exciter l'émotion, sont des personnes de son voisinage et tout à fait dépendantes de lui, lesquelles ont employé tout leur pouvoir pour remuer tout jusque là qu'ils ont voulu sonder Poitiers, qui a témoigné, comme une bonne ville obéissante à son prince, qu'elle ne consentirait jamais à ce désordre. En effet, elle empescha par sa résolution qu'on ne prist le rendez-vous dans l'un de ses faubourgs. La chose étant ainsi, vous jugerez, s'il vous plaist, quelle joie a eue toute cette noblesse de l'accommodement qu'on a fait avec eux et d'en estre quitte pour avoir été 24 heures à la Bastille, ce qui donnera appréhension à quantité de gens de bien, qu'à la moindre occasion ils en feront autant. M. l'intendant en témoigne un grand déplaisir, puisqu'il peut croire qu'on n'a pas ajouté foi à ses avis, puisqu'on s'est contenté d'une si petite satisfaction et que pour une affaire de si grande conséquence on a montré à la cour de ne s'en mettre pas beaucoup en peine. M. l'évêque de Poitiers en est en même état, et tous deux font l'affaire de grande conséquence comme elle a été en effet ; mais ils font paraistre une trop grande passion, l'un par un zèle à exterminer les huguenots et à retirer les biens d'église, où il se commet de très grandes concussions. Le lieutenant de Châtellerault, commissaire, prend impunément de l'argent des deux parties contestantes, et leur donne de l'argent chacune en leur faveur ; et pour vous faire court, c'est une personne qui mériteroit dans un fort une punition exemplaire. L'autre désire de se rendre ici nécessaire et ne pas quitter une province où il se trouve bien et aimé de quantité d'honnêtes gens ; ce qui lui ajoute une seconde douleur, c'est de voir que l'accommodement s'est fait par l'entremise de M. le duc de La Rochefoucauld. Vous remarquerez que les principaux de la province n'ont pas pris part dans tous ces désordres ; mais aussi pas un ne s'est offert pour ce service, ni personne n'est venu trouver ceux qui ont l'autorité en main, mesme lorsque tout a été découvert. Mon sens est, si vous le trouvez bon, qu'il y avoit plus d'apparence d'en châtier quelqu'un pour l'exemple, il ne falloit point craindre aucun parti ni aucune faction : car rien n'étoit en état d'entreprendre et tous à la découverture ont témoigné grand'peur. La noblesse sans chef ne peut rien, mais il falloit à cela un homme désintéressé, qui eust su modérer les passions de tout le monde, et non pas envoyer des gens de guerre qui ont mis toute la province en proie au pillage, quoique M. d'Aumont ait apporté tous les soins pour faire vivre ses troupes avec police, et pour contenter tout le monde, les ordres du conseil étoient tous contraires à ses bonnes intentions. La province est en tel état qu'elle ne sauroit plus payer les tailles; il y a quantité de paroisses qui ne les paient point et sont tout à fait abandonnées, lesquelles sont les meilleures. La généralité de Poitiers porte 5,000,000 livres, de laquelle on a retiré depuis trois ans 300 paroisses pour mettre à une autre qu'on a créée. Les restes qui sont à payer se montent à 19 millions, desquels on a fait partie comme des tailles du conseil on a envoyé un nommé Choc (?) qui mène avec lui 60 ou 50 huissiers qui demandent des choses toutes différentes. Les peuples se trouvent tant étonnés qu'ils ne savent de quel côté se tourner ; l'argent qu'ils ont va payer le voyage de Choc, la nourriture des huissiers et des troupes qui sont à la suite de l'intendant qui sont... et deux compagnies d'infanterie. Si on pouvoit résoudre le roi à diminuer les tailles jusqu'à 3,000,000 ou 3,200,000 livres il ne perdroit pas un sol. Tous les peuples paieroient ; qu'on ôte quantité de petits droits qui ne portent aucun profit, et la quantité de sergents, d'officiers et autres personnes, il y trouveroit son compte. Pour ce qui est du reste, j'apprends qu'il ne faudroit pas tout à fait les ôter : car les peuples se nourriroient dans l'espérance qu'il ôteroit tout, et le faible auroit plus d'avantage que le plus fort n'ayant pas payé. Mais il faudroit trouver le milieu à cela afin que le roi ne perdist rien et que le peuple fust soulagé. La province est si désolée que la taille de l'année 1663 n'est pas encore levée ; on va au présent, et ceux qui ont traité des restes les lèvent préférablement aux tailles. Ce que j'apprendrai de plus particulier de tout cela, je vous en donnerai avis si le trouvez bon.

XXIII

1644, 2 mars. — Le roi au marquis d'Aumont. Au sujet de l'arrestation du duc de Vendôme qui se dit malade. — *Bibliothèque nationale, manuscrit 4,170, f° 67 à 68. Copie.*

M. d'Aumont, j'estime que vous serez à présent bien avancé sur le chemin de Vendôme avec les troupes que vous aurez jugé à propos de mener avec vous pour l'exécution des ordres que le sieur de Neuilly vous aura rendus de ma part, et, parce que mon oncle, le duc de Vendôme, a fait entendre audit Nevilly qu'il était indisposé et qu'il s'est excusé sur cela de me venir trouver, j'envoie le sieur de Saint-Martin, l'un de mes ordinaires, à Vendôme, et avec lui le sieur Chicot, l'un de mes médecins, pour savoir l'état véritable de sa santé, et, s'il est indisposé, l'assister de tous ses soins pour sa guérison; et cependant je vous fais cette lettre par l'avis de la reine régente, madame ma mère, pour vous dire que vous vous arrêtiez avec les gens de guerre qui seront près de vous aux environs de Vendôme sans entrer dans la ville, en attendant que l'on ait reconnu s'il est effectivement malade, de quoi ledit sieur de Saint-Martin ou ledit Chicot vous donnera avis, qu'au cas que mondit oncle, étant en santé, parte de Vendôme et prenne le chemin de Paris pour me venir trouver, vous demeuriez, jusqu'à nouvel ordre, avec les troupes que vous aurez dans les quartiers où vous les aurez logées; que, s'il prend une autre route, vous le suiviez avec la cavalerie que vous aurez jusque sur la frontière du royaume et l'arrêtiez où vous verrez le pouvoir faire le plus sûrement, me donnant avis de jour à autre des lieux où il sera ; que, s'il arrivait que mondit oncle, étant en santé, ne tînt pas compte de partir de Vendôme pour se rendre près de moi, vous ayez à entrer dans Vendôme avec mes troupes et vous assurer de sa personne par quelque voie que ce soit sans attendre nouvel ordre de moi ; et, si vous croyez rencontrer difficulté à l'effectuer, tandis qu'il sera dans le château vous demeurerez audit Vendôme avec les dites troupes et me donniez avis de ce que vous estimerez pouvoir être fait pour l'exécution de ma volonté, en attendant que je vous en envoie mes ordres exprès, et sur ce, je prie Dieu, etc. [1].

XXIV

1644, 8 mars, Poitiers. — Lettre anonyme au cardinal Mazarin. Au sujet de la gabelle ; dangers que présenterait un mouvement des huguenots en Saintonge ; il y a eu un projet d'assemblée à Chef-Boutonne ; la mission de M. d'Aumont ; misère. (Cette lettre est de la même main que la pièce XXII). — *Archives des affaires étrangères, France, mémoires et documents, vol. 1,696, f° 126.*

J'ai cru vous devoir avertir que MM. d'Aumont et de Villemontée partent aujourd'hui pour Paris suivant l'ordre qu'ils ont reçu de la cour. Ils doivent demeurer quelques jours à Châtellerault pour établir un grenier à sel pour les provinces voisines où la gabelle se paye : chose qui donne beaucoup d'appréhension à celles qui en sont exemptes et

---

1. On trouve ensuite, f° 68, des instructions du dit jour sur le même sujet au sieur de Saint-Martin, l'un des ordinaires du roi, et au sieur Chicot, médecin de S. M., et des lettres aux ducs de Vendôme, f° 70, et de Mercœur, f° 71 ; une « dépêche générale », du 16 mars, aux gouverneurs et lieutenants généraux des provinces et villes pour empêcher que le duc de Vendôme ne soit reçu en aucune ville du royaume.

qui peut exciter une rumeur bien plus dangereuse que celle qu'ils ont apaisée... Je vous dirai, outre cela, que si les huguenots se mesloient dans ce parti, qu'eux et les catholiques peuvent, en trois semaines, fortifier Saintes, La Rochelle, Marans et fermer Saint-Jean. Au château de Saintes il n'y a qu'un bastion rasé ; à La Rochelle il n'y a qu'à en faire un du côté de la terre et du port, et une demi-lieue du côté de la mer; de l'autre côté c'est le marais; à Marans se rendre maistre de la rivière qui vient à Niort. A Angoulême le château est fort bas ; ceux qui ont conduit les troupes dans ces provinces ont remarqué tous ces défauts, et quelques uns en donneront avis à son éminence. On a représenté ici toutes les raisons sur ce bureau à sel; je ne sais si ces messieurs y auront égard à leur passage... Pour ce qui est de nos gentilshommes, ils sont en repos quant à présent, et vous savez qu'à la cour ils ont été bien vite à l'accommodement. Il n'y avait point de gentilhomme qui ne fust de la partie. Depuis l'assemblée de Lusignan qui avait été rompue, ils en avoient pris un rendez-vous à Chef-Boutonne. Au commencement, ils ont fait un grand bruit en envoyant les troupes qui ont ruiné la province de 400,000 livres, ce qui seroit bien aisé de faire voir, et tout cela pour venger la passion d'aucuns. M. d'Aumont y a apporté dans leur marche toutes les précautions possibles et a fait tout ce qu'il a pu pour empescher le désordre. Mais il n'est pas facile d'apporter l'ordre lorsqu'il n'y a point d'étapes et qu'on doit vivre à discrétion. Je sais que quantité de gens se plaignent de M. d'Aumont [1]; mais il a fait tout ce qu'il a pu pour obliger tout le monde, et croit que la paix de la noblesse

---

[1] Samuel Robert parle (*Journal* publié dans les *Archives*, t. XI, p. 344) du « piteux et misérable état auquel (la province) est réduite par le nombre infini de mangeries malheureuses qui s'y pratiquent et inventent journellement, ayant été commise et abandonnée à l'insolence des soldats de l'armée du maréchal (sic) d'Aumont ».

se devoit traiter par son moyen, puisqu'il menoit le châtiment et qu'il avait les verges en main pour les fouetter. Il m'a fait connaître qu'il en était touché ; en effet on lui a fait faire des choses sans connaissance et bien vite dont il est marri. Pour maintenir la paix il en falloit retenir quelqu'un en otage ; quant à Couvrelles, dont je vous ai parlé, il le faudroit retenir. Le fondement de ce désordre est le... pour le recouvrement des biens aliénés où il se commet d'horribles concussions, et la levée des tailles et des restes où il se fait d'exécrables méchancetés. Pour cet effet on en dresse des mémoires que je vous ferai voir.

XXV

1644, 12 mars. — « Les plaintes de la province de Poitou adressées au cardinal Mazarin. » — *Archives des affaires étrangères, France, mémoires et documents, vol. 1,696, f° 187.*

[L'auteur de ces plaintes expose que, depuis 1636, des désordres extraordinaires accompagnent la levée des tailles. Villemontée a chargé ses parents de la recette; il exempte les contribuables bien recommandés ; aussi ne peut-il marcher sans gens de guerre].

. . . .

Quel jugement pouvait-on faire d'un homme qui pouvait tout, qui levait la taille sous son nom, qui marchait avec un régiment de gardes et des compagnies d'ordonnances, et qui faisait une dépense de prince?

On l'a vu souventefois venant de livrer bataille aux contribuables, entrer triomphant dans la ville de Poitiers, au milieu de ses troupes et suivi d'une multitude de paysans captifs dont il remplissait les prisons.....

Il a fait croire que l'impuissance de cette province était une rébellion, pour avoir des gens de guerre, et que le roi ne pouvait être obéi sans faire la guerre à son peuple. Mais ce n'était que pour se rendre nécessaire.....

On le peut reconnaître par le mal qu'a causé la compagnie de cavalerie conduite par le sieur Combisan, dont le nom et la mémoire sont effroyables à la province....

Il ne faut pas s'étonner s'il ne peut gouverner sans gens de guerre et donner d'ordonnances que l'épée à la main, et s'il dit hautement avant de partir pour Paris qu'il ne retournerait point si on ne lui augmentait ses forces.....

XXVI

1644, 22 avril. — Pouvoir à M. le marquis de Villeroy [1] pour commander l'armée qui s'assemble en Saintonge et Angoumois. — *Bibliothèque nationale, manuscrit 4,169, f° 187 à 189. Copie.*

Louis, par la grâce de Dieu, roi de France et de Navarre, à tous ceux qui ces présentes lettres verront, salut. Comme il importe grandement au succès des justes desseins entrepris par le feu roy de glorieuse mémoire, notre très honoré seigneur et père que Dieu absolve, pour le rétablissement d'une paix assurée dans la chrétienté et l'affermissement du repos de cet état, d'avoir des forces dans notre royaume capables de se porter partout où il sera nécessaire pour opposer aux entreprises des ennemis au dehors, et contenir un chacun dans le devoir au dedans, nous avons résolu de faire assembler à cet effet vers nos provinces de Saintonge et Angoumois un corps d'armée qui, étant au milieu du royaume, soit prêt à donner la main à nos autres armées qui agiront

---

1. Nicolas de Neufville, marquis de Villeroy et d'Alincourt, mort le 28 novembre 1685 à 88 ans ; maréchal de France en 1646, gouverneur de Louis XIV en 1646, ministre d'état en 1661, chevalier des ordres (1662), duc et pair (1663).

sur nos frontières en quelque endroit que le besoin s'en puisse offrir, et qui puisse aussi empêcher l'effet des mauvaises intentions de ceux qui, dans notre bas âge, pourraient chercher à exciter quelques troubles dans nos provinces, et voulant confier un emploi de cette conséquence à une personne qui ait toutes les bonnes qualités requises pour s'en acquitter dignement, nous avons jeté les yeux sur notre très cher et bien-aimé le sieur marquis de Villeroy, gouverneur et notre lieutenant général en Lyonnais, Forez et Beaujolais, pour avoir rendu des preuves signalées, même en divers commandements sur nos troupes dedans et dehors le royaume, de sa valeur, capacité, expérience en la guerre, prudence et vigilance, et avoir toujours fait connaître une singulière affection et fidélité à notre service et donné un entier contentement au feu roy, notre seigneur et père, à nous et au public, de toute sa conduite : faisons savoir que nous pour ces causes et autres à ce nous mouvant, de l'avis de la reine régente, notre très honorée dame et mère, avons ledit sieur marquis de Villeroy constitué, ordonné et établi, constituons, ordonnons et établissons par ces présentes, signées de notre main, notre lieutenant représentant notre personne en notre dite armée, qui sera assemblée vers la Saintonge et Angoumois, et ladite charge lui avons donnée et octroyée, donnons et octroyons avec plein pouvoir de commander à nos troupes tant de cheval que de pied, françaises et étrangères dont ladite armée sera composée, icelles exploiter ainsi qu'il verra être à propos pour l'effet de nos volontés, faire vivre les dites troupes en bon ordre et police et faire faire les montres et revues par les commissaires et convoyeurs de nos guerres suivant nos états, et en leur absence y en commettre d'extraordinaires, commander aux officiers de l'artillerie, des vivres et autres de notre dite armée, et avec les forces d'icelles assiéger et faire battre les villes, places et châteaux qui refuseront de nous obéir, donner assaut, les prendre à telle composition qu'il avisera, s'opposer par la force aux entreprises qu'il estimera être au préjudice de notre service ou contraire à nos intentions, livrer bataille, rencontres, escarmouches et faire tous autres actes et exploits de guerre que besoin sera, faire punir et châtier les transgresseurs de nos ordonnances selon la rigueur d'icelles, ordonner des payements des dits gens de guerre et autres dépenses de notre dite armée suivant nos états et des fonds que nous ordonnerons à cet effet, en expédier toutes les ordonnances nécessaires, lesquelles nous avons dès à présent comme pour lors validées et autorisées, validons et autorisons par ces présentes et généralement en ladite charge de notre lieutenant général tout ce que nous-même ferions ou faire pourrions, si nous y étions présent en personne, jaçoit que le cas requît mandement plus spécial qu'il n'est contenu par ces présentes. Si donnons en mandement à tous, maréchaux de camp, colonels, maîtres de camp, lieutenants de notre artillerie, généraux des vivres ou commis à l'exercice de leurs charges, capitaines, chefs et conducteurs de nos gens de guerre, tant de cheval que de pied, français et étrangers ordonnés pour ladite armée, gouverneurs, lieutenants, jurats, consuls et gens de nos villes et places et tous autres, nos officiers, justiciers et sujets qu'il appartiendra, de le reconnaître et obéir en ladite qualité de notre lieutenant général, représentant notre personne comme ils feraient à nous-mêmes; car tel est notre plaisir, en témoin de quoi nous avons fait mettre notre scel à ces dites présentes.

XXVII

1644, 22 avril. — Pouvoir à M. d'Aumont pour commander le corps de troupes passant en Allemagne sous l'autorité de M. le maréchal de Turenne. — *Bibliothèque nationale, manuscrit 4,169, f° 189. Copie.*

Louis, par la grâce de Dieu, roi de France et de Navarre,

à tous ceux qui ces présentes verront, salut. Comme nous voyons qu'il n'y a rien de plus nécessaire pour parvenir au rétablissement d'une bonne et durable paix dans la chrétienté et pour assurer le repos de cet état que de nous opposer puissamment de toutes parts aux entreprises des ennemis déclarés de cette couronne, et de nous mettre en état de les prévenir, s'il est possible, du côté de l'Allemagne dont ils se promettent de faire leurs plus grands efforts contre nous et nos alliés, nous avons résolu d'augmenter cette année notre armée d'Allemagne d'un grand nombre de troupes, tant de cheval que de pied, françaises et étrangères, et jugeant que pour les assembler, les faire joindre à ladite armée et les commander sous l'autorité de notre très cher et bien-aimé cousin le vicomte de Turenne, maréchal de France, notre lieutenant général en notre dite armée d'Allemagne, il importe de choisir une personne qui ait toutes les bonnes qualités requises pour s'acquitter dignement d'un emploi de cette conséquence, nous avons jeté les yeux pour cet effet sur notre cher et bien-aimé le sieur d'Aumont, pour la connaissance que nous avons de sa capacité, expérience au fait de la guerre, valeur, prudence, vigilance et conduite, et pour la confiance entière que nous prenons en sa fidélité et affection à notre service [1], en ayant rendu des preuves signalées en plusieurs charges et emplois importants qui lui ont été donnés tant par le feu roy, notre très honoré seigneur et père de glorieuse mémoire que Dieu absolve, que par nous depuis notre avènement à la couronne même en pareils commandements. A ces causes et autres bonnes considérations à ce nous mouvant, de l'avis de la

---

1. Le 4 janvier 1644, Mazarin avait écrit à Turenne (Ms. 4,199, f° 40) en lui annonçant l'envoi prochain d'un lieutenant général : « Je crois que le roi a de l'inclination pour M. d'Aumont, lequel est de bonne maison, témoigne beaucoup d'estime et d'affection pour vous, a de quoi supporter la dépense qu'il convient de faire avec les Allemands, entend bien le détail de la guerre et s'y applique extrêmement. » — Cf. Chéruel, I, 309, 314, 330, 344.

reine régente, notre très honorée dame et mère, nous avons ledit sieur d'Aumont constitué, ordonné et établi, constituons, ordonnons et établissons par ces présentes, signées de notre main, pour vous, en l'absence de notre dit cousin le maréchal de Turenne, et sous son autorité en sa présence, commander toutes les troupes, tant de cheval que de pied, françaises et étrangères, avec lesquelles il joindra notre dite armée et dont elle sera composée, à la réserve de celles dudit ancien corps allemand [1], exploiter et employer les dites troupes contre nos ennemis ainsi qu'il sera nécessaire et à propos pour l'effet de nos intentions, assiéger et battre les places tenues par nos ennemis et qui refuseront de nous obéir, surprendre par assaut ou par composition selon qu'il verra être plus à propos, s'opposer aux entreprises et desseins de nos dits ennemis, livrer batailles, escarmouches, rencontres, et tous actes et exploits de guerre que besoin sera, faire vivre les dites troupes en bon ordre, discipline et police, suivant nos règlements et ordonnances, faire châtier exemplairement les transgresseurs d'icelles, commander aux officiers de l'artillerie et des vivres, et tous autres qui serviront avec les dites troupes, faire faire les montres et revues d'icelles par les commissaires et convoyeurs ordinaires de nos guerres, et en leur absence y en commettre d'extraordinaires, ordonner suivant nos états des payements de la solde des dits gens de guerre, tant des deniers qui ont été et seront à ce par nous destinés que de ceux qui proviendront des contributions qui pourront être tirées des pays où ladite armée sera logée, en expédier les ordonnances aux trésoriers de l'ordinaire et extraordinaire de nos guerres, leurs commis ou autres qui auront le maniement des fonds de ladite armée,

---

1. Les troupes de Bernard de Saxe-Weimar, passées, après la mort du duc (1639) au service de France, faisaient partie de l'armée de Turenne qui avait succédé, en décembre 1643, au maréchal de Guébriant; Rosen et d'Erlach les commandaient.

lesquelles nous avons dès à présent comme pour lors validées et autorisées, validons et autorisons par ces présentes, et généralement faire et exécuter par ledit sieur d'Aumont, en l'absence de notre dit cousin, le maréchal de Turenne, et sous son autorité en sa présence, tout ce qu'il jugera devoir être fait pour le bien et avantage de notre service, jaçoit que le cas requis mandement plus spécial qu'il n'est porté par ces présentes. Lui donnons en mandement à notre dit cousin de faire reconnaître ledit sieur d'Aumont et obéir de tous, et ainsi qu'il appartiendra dans ledit commandement, mandons et ordonnons à tous maréchaux de camp, colonels, lieutenants en notre artillerie, généraux des vivres et tous autres ayant charge dans les dites troupes de reconnaître ledit sieur d'Aumont, obéir et entendre en l'absence de notre dit cousin et sous lui en sa présence, sans aucune difficulté, car tel est notre plaisir. En témoin de quoi nous avons fait mettre notre scel à ces dites présentes.

XXVIII

1644, 28 avril. — Le roi au comte de Jonzac[1]. Avis de l'envoi en Saintonge du marquis de Villeroy avec une armée. — *Bibliothèque nationale, manuscrit 4,170, f° 109. Copie.*

M. le comte de Jonzac, ayant estimé nécessaire pour le bien et avantage de mon service de faire assembler une armée vers la Saintonge et Angoumois, et qui se pourra porter en mes autres provinces pour y assurer de plus en plus l'obéissance de mes sujets ou être prête à donner la main

---

1. Léon de Sainte-Maure, comte de Jonzac, marquis d'Ozillac, lieutenant général de Saintonge et Angoumois, gouverneur de la ville et du château de Cognac, chevalier des ordres du roi en 1661, mort le 22 juin 1671. Voir *Bulletin*, t. VI, p. 244.

aux autres armées qui auront à agir vers mes frontières, selon que le besoin s'en pourra offrir, j'ai bien voulu vous le faire savoir par cette lettre et vous dire qu'ayant donné au sieur marquis de Villeroy, gouverneur de mes pays de Lyonnais, Forez et Beaujolais, le commandement de madite armée en qualité de mon lieutenant général en icelle, mon intention est que vous établissiez et gardiez une particulière correspondance avec lui, comme je lui ai ordonné de faire avec vous, que vous l'avertissiez de ce que vous vous verrez importer à mon service, dans l'étendue de votre charge, principalement aux occasions où la force serait requise, et que vous l'assistiez de tout ce qui pourra dépendre de vous et en la manière qu'il vous en pourra requérir, et, me remettant audit sieur marquis de ce qu'il pourra vous dire de plus particulier sur ce sujet, je ne vous ferai la présente plus longue que pour prier Dieu, etc.

XXIX

1644, 28 avril. — Le roi aux évêques des provinces de Saintonge et Angoumois, et aux gentilshommes. Envoi du marquis de Villeroy. — *Bibliothèque nationale, manuscrit 4,170, f° 109.*

M. l'évêque de Saintes, ayant résolu de faire assembler un corps d'armée vers mes provinces de Saintonge et Angoumois, et ayant donné le commandement au sieur marquis de Villeroy, gouverneur et mon lieutenant général en mes pays de Lyonnais, Forez et Beaujolais, en qualité de mon lieutenant général en ladite armée, j'ai bien voulu vous faire cette lettre par l'avis de la reine régente, madame ma mère, pour vous dire que vous ayez à tenir bonne correspondance avec ledit sieur marquis, l'avertissant de toutes les choses que vous estimerez de quelque importance, et vous employant à tout ce qu'il pourra désirer de vous pour le bien et avantage de mon service, et que me promettant de votre affection et bonne conduite, je vous assurerai que les preuves que vous m'en donnerez me seront en particulière considération, et me remettant audit sieur marquis de Villeroy de ce que je pourrais ajouter à la présente, je ne vous la ferai plus longue que pour prier Dieu qu'il vous ait, etc. Louis.

XXX

1644, 28 avril. — Aux intendants des justice, police et finances, aux dites généralités. Envoi du marquis de Villeroy. — *Bibliothèque nationale, manuscrit 4,170, folio 110 à 111. Copie.*

Monsieur, ayant estimé nécessaire, pour assurer la tranquillité de mon Etat, de faire assembler une armée vers mes provinces de Saintonge et Angoumois pour se porter dans mes provinces ou seconder mes autres armées de Saintonge et Angoumois qui agiront sur mes frontières selon que le besoin le pourra requérir, et en ayant donné le commandement au sieur marquis de Villeroy, gouverneur en Lyonnais, Forez et Beaujolais, en qualité de mon lieutenant général en ladite armée, je vous fais cette lettre pour vous en avertir et pour vous dire que l'avis de la reine régente, madame ma mère, est que vous ayez à tenir bonne correspondance avec lui pendant tout le temps qu'il sera en votre voisinage avec ladite armée, que vous lui donniez vos bons avis sur les choses que vous estimerez importantes au bien de mon service, et que s'il a besoin de votre assistance vous la lui donniez selon qu'il la pourra désirer de vous, et me remettant à lui de tout ce que je pourrais ajouter à cette lettre, je ne la ferai plus longue que pour prier Dieu, etc.

[Celles des autres intendants ont été expédiées ledit jour

dans la même substance, comme aussi celles des autres évêques et gentilshommes [1].]

XXXI

1644, 30 mai. — Le roi au marquis de Villeroy. Faire passer ses troupes de Saintonge en Catalogne ; ordres relatifs à la marche des troupes. — *Bibliothèque nationale, manuscrit 4,170, folio 121* [2]. *Copie.*

M. le marquis de Villeroy, vous aurez assez appris l'accident qui est arrivé aux troupes de mon armée de Catalogne que mon cousin le maréchal de La Mothe menait à Lérida [3], après qu'il y a eu jeté du secours, et, comme il s'agit maintenant de pourvoir au salut de cette place qui est très importante tant à la conservation de toute la province qui a montré en toute cette occasion ne s'être émue que pour redoubler son affection vers la France, j'ai estimé n'y devoir rien omettre et pour cet effet j'ai résolu, par l'avis de la reine régente, madame ma mère, de vous y faire passer avec mon armée que vous commandez avec le pouvoir de lieutenant général ayant commandement sur toute l'armée, sous l'autorité de mon dit cousin le maréchal de La Mothe, conservant néanmoins un soin particulier du corps qui marchera sous votre charge, lequel sera composé des régiments de

---

1. Le 30 avril, Mazarin écrivait à Brasset : « Le marquis de Villeroy est parti pour se tenir dans le milieu du royaume, du côté du Poitou, Limousin et Guyenne, avec 5.000 hommes de pied et 1.200 chevaux, afin d'empescher que personne ne songe à y remuer contre le service du roi. »

2. Il y a une lettre du même jour au maréchal de La Mothe sur le même sujet (f° 115 à 121). Le 28 mai, les mêmes ordres avaient été adressés à Villeroy, dans une lettre moins détaillée que celle du 30 (*Lettres* de Mazarin, I, 720).

3. Il fut battu en essayant de jeter des secours dans Lérida, assiégée par les Espagnols (Chéruel, II, 60).

Nérestan [1], de Vervins [2], de Tavannes [3], de Vaillac [4] et de Toulongeon [5], d'infanterie, des compagnies de gens d'armes écossais [6], de mon cousin le duc de Lesdiguières et de la vôtre, du régiment de cavalerie de La Ferté-Senectaire et des compagnies de carabiniers du régiment d'Arnaud [7], laissant de tout ce qui doit présentement y avoir de troupes près de vous les seules compagnies suisses du régiment de Praroman [8] dans les quartiers où elles doivent loger et leur laissant ordre de faire ce que le sieur de Vaubecourt [9] leur ordonnera, si elles ne vous ont encore joint en attendant que les autres troupes que j'ai destinées pour remplacer celles que vous m'écrivez aient pu se rendre sur les lieux.

---

1. Appartenant à Charles, marquis de Nérestang, grand-maître de l'ordre de Saint-Lazare et du Mont-Carmel, mort en 1644; il avait passé l'hiver à Angoulême.

2. « Le 5 juin, jour de dimanche, est arrivé en cette ville (Saintes) le régiment de Vervins... dont nous avons eu deux sergents... que nous avons logés... jusques au vendredi matin qu'ils sont partis pour aller en Catalogne. (*Journal* de Samuel Robert, *Archives*, p. 342). Il appartenait à Charles de Comminges, marquis de Vervins.

3. Il avait pour colonel Henri, marquis de Tavannes.

4. Ce régiment avait pour mestre de camp Jean-Paul Ricard de Gourdon de Genouillac, comte de Vaillac, lieutenant général en 1655, chevalier des ordres, mort le 18 janvier 1681, à 60 ans.

5. Appartenant à Henri de Gramont, comte de Toulongeon, maréchal de camp, mort en 1679, frère du maréchal.

6. Ce corps, qui ne comptait depuis longtemps que des Français, avait pour capitaine le roi lui-même et pour capitaine-lieutenant lord Gordon, marquis de Huntley.

7. Isaac Arnauld de Corbeville, mestre de camp général des carabiniers, maréchal de camp, cousin germain de M. d'Andilly et du grand Arnauld.

Le Tellier lui écrivait le 25 novembre 1643 (manuscrit 4,199) : « Quelques nécessités que vous ayez, vos lettres ne me feront jamais d'importunité. » Voir Victor Cousin, *La société française au XVIIe siècle, d'après le grand Cyrus* (1858), t. II, ch. x.

8. Il avait pour colonel Jacques-Nicolas Praromann (de Fribourg).

9. Nicolas de Nettancourt d'Haussonville, comte de Vaubecourt, lieutenant général des armées, gouverneur de Perpignan et du Roussillon, mort le 11 mars 1678. Mazarin (*Lettres*, I, 720) lui écrivait le 30 mai sur le même sujet.

Et pour rendre votre corps plus considérable, j'y ferai joindre mon régiment de Champagne[1] qui est encore à Perpignan, auquel j'y mande de partir pour aller servir en Catalogne aussitôt que celui de Noailles y sera arrivé, ce qui ne peut guère tarder, ledit sieur comte[2] étant parti d'ici, ayant depuis longtemps mes ordres pour se rendre audit Perpignan et y faire acheminer son dit régiment en toute diligence..... Outre cela, j'augmente le même corps des régiments d'infanterie de Ferron[3] et de Cauvisson[4] de vingt compagnies chacun, lesquels je fais rétablir, savoir le premier moitié en Dauphiné et moitié en Provence, et l'autre dans le Languedoc, les mestres de camp ayant assuré que, dans 15 jours, ils seront prêts à marcher et étant obligés à faire rendre chaque compagnie complète en Catalogne, du nombre de 80 hommes, faisant étant qu'ils seront prêts à passer avec vous, et que même celui de Champagne vous accompagnera s'il n'est pas encore parti de Perpignan, et, en ce cas, que vous le prendriez en passant, de quoi il serait bon que vous l'avertissiez afin qu'il s'y prépare, que pour obliger mondit régiment de Champagne à passer le plus fort qu'il pourra en Catalogne, j'ordonne qu'il sera payé de trois écus, monnaie de France, pour chaque soldat qui passera actuellement en Catalogne ; au lieu des armées que j'avais fait espérer en venant servir par-deçà, et quant aux autres régiments d'infanterie qui vous suivront, à la réserve de ceux de Ferron et de Cauvisson, j'ordonne aussi

---

1. Ce régiment arriva, par mer, à Barcelone, le 4 juillet.

2. Annes, comte de Noailles (1614-1678), maréchal de camp, capitaine des gendarmes du cardinal Mazarin, gouverneur du Rouergue en 1647 et de Perpignan en 1646 en remplacement de M. de Vaubecourt (Ms. 4.169, f° 246). Il était en Limousin (Ms. 4.168, f° 173).

3. Charles-Claude Le Ferron avait été autorisé le 29 mai 1644 à lever ce régiment.

4. Appartenant à Jean-Louis de Louet, marquis de Cauvisson, ou Calvisson, lieutenant général du Languedoc, maréchal de camp, mort le 19 juin 1667.

deux écus, monnaie de France, pour chaque soldat qui passera en Catalogne, lequel vous pourrez faire savoir aux capitaines et officiers pour les convier à mener leurs compagnies les plus complètes et les mieux armées qu'il se pourra, à quoi vous les obligerez encore par toutes les voies soit de gratification pour ceux qui seront disposés à faire leur devoir, soit de rigueur contre les autres, et, si vous voyez qu'il y eût quelqu'un des dits régiments que vous deviez emmener, si faible qu'il ne vous pût pas servir, il sera de votre prudence de le laisser pour se remettre en meilleur état en attendant nouvel ordre et recommandant audit sieur de Vaubecourt d'y prendre soin ;

Que vous fassiez que le régiment de Toulongeon vous joigne avec les vingt compagnies qu'il doit avoir et qui doivent être prêtes, il y a longtemps, selon les avis que le sieur comte de Grammont [1] en a donnés, et je lui écris la lettre dont le duplicata sera ci-joint, afin qu'il y tienne la main avec pouvoir de louer six compagnies franches, selon le besoin, pour remplacer celles qu'il avait demandées dudit régiment de Toulongeon pour la garde de Bayonne et des forts de la frontière de Navarre ;

Qu'aussitôt que cette lettre vous aura été rendue, vous donniez ordre à la marche des troupes qui seront près de vous, et les fassiez passer aux lieux d'étape, apportant toute la diligence possible à vous rendre en Catalogne avec les dites troupes ;

Qu'afin de trouver toutes choses préparées pour leur passage, vous avertirez au plutôt mon oncle, le duc d'Epernon [2], et le sieur marquis d'Ambre [3], ensemble les intendants des

---

1. Antoine, comte de Grammont, vice-roi de Navarre, gouverneur et maire perpétuel de Bayonne, mort au mois d'août 1644, père du maréchal et du fameux chevalier.

2. Gouverneur de la Guyenne, oncle du roi, parce qu'il avait épousé une fille naturelle de Henri IV.

3. Hector de Gelas de Voisins, marquis d'Ambres, maréchal de camp, lieutenant général de la province du Languedoc, mort le 12 février 1645.

dites provinces, en conformité des lettres ci-jointes, que je leur écris, du temps que les troupes qui entreront et du nombre des gens de cheval et de pied que vous avez, qu'ils vous fassent préparer les logements et les vivres nécessaires dans le temps qu'il faudra, agissant de concert avec eux en tout ce qui concerne la commodité et l'avancement de leur marche;

Qu'il a été fait diverses propositions sur le sujet du passage des troupes que vous mènerez en Catalogne, ayant été dit quant à l'infanterie qu'encore qu'elle se conserve mieux en allant par mer que par terre, néanmoins il arrive des longueurs de l'attente d'un vent favorable, qui serait capable de rendre l'effort que l'on ferait inutile en l'occasion présente, où la diligence est infiniment nécessaire, mais que l'on se peut servir des galères qui sont à présent inutiles et qui ne sont pas sujettes au temps, allant le long de la côte, pour passer une partie de l'infanterie ; sur quoi je vous dirai qu'encore que la conservation des troupes soit très considérable, néanmoins, s'il y a à craindre qu'il n'y ait plus de longueur par la voie de la mer que par celle de la terre, il se faut arrêter à la dernière, de laquelle je ne doute pas que par votre présence et bonne conduite vous ne puissiez facilement empêcher tous les inconvénients qui en peuvent encourir ;

Qu'on a aussi proposé que l'on pourrait gagner plusieurs journées sur la marche des troupes qui marcheraient avec vous, leur faisant prendre depuis Castelnaudary le chemin de Foix, passant par Belpech, Foix, Tarascon, Acq et Loriol, et de là entrant en Catalogne par les vallées contiguës à celle de Foix, au lieu de la route ordonnée depuis ledit Castelnaudary par Montréal, Montalez, Cordes et Hilles, desquelles ouvertures j'écris au sieur Imbert [1] que j'ai parti-

---

[1] Le Tellier lui avait écrit le 29 janvier 1644 : « Vous connaîtrez, par ce que M. de Fabert vous dira, la confiance que la reine a en votre conduite et la bonne opinion que Mgr le cardinal a en votre suffisance. » (Ms. 4,199).

culièrement chargé de prendre soin des passages de toutes les troupes allant en Catalogne, afin qu'il concerte sur ce sujet pour l'avancement de mon service avec mon dit cousin le maréchal de La Mothe et de vous tenir averti de ce que en sera avisé, afin que vous puissiez donner vos ordres pour votre marche, et preniez à temps vos mesures là-dessus, de concert avec mon dit cousin et avec ledit sieur Imbert ;

Que pour servir de maréchal de camp près de vous, j'ai ordonné le sieur Arnauld qui se rendra au plus tôt près de vous et je vous envoie le sieur de Bar [1] pour y faire la charge de sergent de bataille, lequel ayant aussi beaucoup d'habitudes en Limousin pourra vous indiquer des personnes capables de faire des levées d'infanterie, avec qui je serai bien aise que vous en conféricz sans vous divertir néanmoins de votre voyage, et vous m'en donniez votre avis de m'en servir à remplacer une partie des troupes que vous avez avec vous ;

Que pour faire le remplacement de quelques unes sans perdre aucun temps, je donne ordre présentement aux régiments d'infanterie et de cavalerie de mon cousin le comte d'Harcourt de marcher vers Limoges et, y étant arrivé, de faire ce qui leur sera commandé en votre absence par le sieur de Vaubecourt ;

En attendant que je pourvoie à y en envoyer davantage, tant par le moyen des nouvelles levées qu'on rétablit aux régiments d'infanterie de Lyonnais [2] et du sieur comte de Tournon [3],

---

1. Guy de Bar, né en 1604, mort en janvier 1695, maréchal de camp en 1649, plus tard capitaine des gardes du cardinal, lieutenant général en 1652. Il arriva à Limoges le 4 juin. (Lettre du 18 août 1644, de Le Tellier au maréchal de La Mothe, ms. 4,199, f° 73).

2. Ce régiment, qui avait pour colonel le marquis d'Alincourt, frère de M. de Villeroy, avait été décimé au siège de Lérida. (Général Susane, Histoire de l'infanterie française, t. III, p. 293).

3. Ce régiment fut envoyé à l'armée du Rhin ; le comte de Tournon (Juste-Louis), auquel il appartenait, fut tué le 7 septembre 1644 au siège de Philippsbourg, en servant comme maréchal de camp.

desquels je mande à mon dit cousin le maréchal de La Mothe d'envoyer les officiers qui se trouveront près de lui au sieur Imbert pour travailler incessamment à refaire leurs compagnies; à quoi, sachant que votre autorité et crédit pourront beaucoup contribuer, je vous recommande de vous y employer et d'en prendre tout le soin qui dépendra de vous;

Que vous laissiez au sieur de Vaubecourt le commandement en votre absence et en qualité de maréchal de camp sur les troupes qui serviront en ces quartiers-là, conformément à ce que je lui en écris par la lettre qui sera ci-jointe, lui faisant savoir mes intentions et les ordres que je vous ai donnés à votre départ pour le logement et la subsistance des dites troupes et pour les emplois s'il en est besoin; que vous fassiez mettre en ses mains les lettres que je vous ai fait adresser en blanc pour les faire recevoir aux lieux où il jugera à propos de les loger; sur quoi vous lui donnerez aussi vos bons avis et lui laisserez l'équipage d'artillerie et celui des vivres que j'ai ordonnés pour servir près de vous avec tout le fonds destiné pour le payement des dites troupes;

Que vous ordonniez au sieur de Villeneuve de faire près dudit de Vaubecourt la charge de sergent de bataille, lui laissant pour aide celui que vous verrez être à propos;

Et parce qu'il importe beaucoup à la réputation de mes armées et au bien de mon service d'employer utilement le corps considérable des troupes que vous mènerez en Catalogne, je mande à mon dit cousin le maréchal de La Mothe que s'il juge ne pouvoir, avec ce renfort, empêcher les progrès que les ennemis prétendent entreprendre en Catalogne, et s'il croit qu'il soit avantageux de faire attaquer Roze, ce qui donnerait lieu en même temps d'employer l'armée navale qui demeure à peu près inutile, il vous en donne encore avis par avance afin d'aller droit investir la place et abréger la marche que vous feriez avec les troupes en passant, et qu'en même temps il me le fasse savoir pour contribuer de deçà à tout ce qui sera possible à l'effet de ce siège; ou bien qu'il considère s'il sera plus à propos de remettre cette entreprise vers le mois de septembre prochain, ce qu'étant, je ferais aussi pourvoir à fortifier l'armée de nouvelles levées ou recrues dans ce temps pour être en cela de la faire réussir, et, comme je remets à mon dit cousin de juger en cela ce qui sera pour le mieux, ne lui en écrivant que comme une simple ouverture, j'ai voulu aussi vous en donner avis de la même sorte, afin qu'étant arrivé sur les lieux, vous en confériez avec mon dit cousin le maréchal de La Mothe, et jugiez ensemble ce qui se pourra faire de plus avantageux pour m'en donner un commun avis, vous assurant que vous recevrez pour tout ce que vous pourrez entreprendre par delà, soit avec mon dit cousin ou séparément, toute l'assistance qui sera possible et que je reconnaîtrai les services que vous me rendrez en ce voyage avec autant de bonne volonté que je me promets qu'ils seront avantageux et utiles, et que l'occasion pour laquelle je désire que vous y passiez est importante et considérable ; sur quoi la reine régente, madame ma mère, et moi attendons une réponse avec impatience, et cependant je prie Dieu, etc. [1]

XXXIII

1644, 23 juin. — Le Tellier à Villemontée. Instructions au sujet de l'administration. — *Bibliothèque nationale, manuscrit 4,198, f° 94. Copie.*

Monsieur, j'ai reçu vos dépêches des 17 et 18 du courant et celle que M. de Bellinguen [2] m'a rendue touchant le fait des vivres.

---

1. Le manuscrit contient encore plusieurs lettres sur ce sujet ; nous les négligeons parce qu'elles n'intéressent pas notre province.
2. Henri de Beringhen, né le 20 octobre 1603, mort le 30 mai 1692, conseiller d'état, maréchal de camp, premier valet de chambre du roi, premier écuyer en 1645, chevalier des ordres en 1661. Au mois d'avril 1644, il avait été chargé d'une mission près du prince d'Orange. (Chéruel, I, 275).

Il y a plus longtemps que vous êtes dans le monde que moi; vous hantez la cour depuis quinze années entières; vous y avez remarqué qu'il faut beaucoup d'assiduité et de patience, je veux dire même de mortification au delà de celle que les moines nous vantent tant dans leurs cloîtres; appliquez-la, s'il vous plaît, à tout ce qu'en contient la vôtre du 12 et ne vous lassez point du tout. Votre emploi est beau, et, quand il ne vous paraîtrait pas tel, il vous doit suffire qu'il est estimé par la meilleure partie des hommes qui le désirent et ne le connaissent pas.

Je n'ai rien espéré du châtiment des officiers pendant la campagne, qui n'ont pas satisfait à leurs traités, parce que j'ai toujours reconnu par expérience qu'on ne les veut pas fâcher quand on a besoin d'eux, et, quand j'étais dans les armées, je n'en ai jamais été d'avis. Il faut s'en faire faire raison pendant le quartier d'hiver.

Quant à la demi-monstre qui a été envoyée, on a dû remontrer à S. A. R. que c'est un établissement qui a été fait par le feu roi dans les dernières années de son règne, que la nécessité de son état et la longueur de la guerre obligent de faire continuer. Je travaille à l'état de la deuxième demi-monstre; mais, quand l'argent serait à l'armée, je n'estime pas que S. A. R. en fît faire la distribution conjointement avec la première, à cause de la conséquence.

Par l'ordre du roi que j'ai expédié à M. Imbert, il est dit que vous viserez toutes les ordonnances sur le fait des vivres, tellement qu'il vous demeure obligé de votre courtoisie. Il est honnête homme, et lui et madame sa femme méritent bien qu'on fasse considération sur tout ce qui regarde leurs intérêts. Vous n'avez rien à faire avec lui, sinon qu'à le traiter avec toute civilité et lui faire connaître que l'estime que vous faites de sa personne vous fera rechercher toutes les occasions possibles de le servir. Faites en sorte qu'il vous demeure obligé, comme je suis à, etc.

XXXIV

1644, 30 juin. — Le roi au comte de Parabère. Mission donnée à M. d'Argenson. — *Manuscrit 4,170, f° 340. Copie.*

M. le comte de Parabère, ayant par l'avis de la reine régente, madame ma mère, donné charge au sieur d'Argenson, conseiller en mon conseil d'état, intendant de la justice, police et finances en mes provinces de Poitou, Saintonge et Angoumois, de vous faire savoir les sentiments et intentions de la reine, ma dite dame et mère, et la mienne sur un sujet qui vous regarde, j'ai bien voulu vous faire cette lettre pour vous dire que vous ayez à lui donner une entière créance et à vous conformer à ce qu'il vous dira de ma part, vous assurant que vous ferez chose qui me sera bien agréable, et sur ce, je prie Dieu, etc.

XXXV

1644, 30 juin. — La reine au comte de Parabère, même sujet. — *Manuscrit 4,170, f° 341. Copie.*

M. le comte de Parabère, ayant estimé à propos d'employer une personne de confiance pour vous faire entendre les sentiments du roi, monsieur mon fils, et les miens sur un sujet qui importe à son service et qui vous concerne, j'en ai donné charge au sieur d'Argenson et j'ai bien voulu vous faire cette lettre pour vous dire que vous ayez à lui donner toute créance sur ce qu'il vous dira de la part du roi, mon dit seigneur et fils et de la mienne, et me remettant sur ledit sieur d'Argenson de ce que je pourrais ajouter à cette lettre, je ne vous la ferai plus longue que pour prier Dieu, etc.[1].

XXXVI

1644, 2 juillet; de Fontenay. — René d'Argenson [2] au cardinal Mazarin. Dispositions de la province et notamment de la population protestante. *Archives des affaires étrangères: mémoires et documents, France, vol. 1696, f° 135. Original.*

... J'ai cru que votre éminence n'aurait pas désagréable de savoir que je trouve ici les gentilshommes et tous les peuples disposés à une obéissance si soumise que je ne doute point d'assurer votre éminence de leur entière fidélité et d'une affection même toute particulière aux intérêts et à la personne de votre éminence dont le nom et la conduite y sont en toute la vénération et dans l'estime que peuvent désirer ses serviteurs et ses créatures. Toute la noblesse plus considérable du haut et du bas Poitou m'est venu visiter, et les principaux des villes dont je connaissais de longtemps une bonne partie et le langage qu'ils m'ont tenu me convient de me donner l'assurance d'écrire à votre éminence en ces termes. Je ne veux pas assurer absolument que ceux de la religion soient tout à fait sans mauvaise intention, mais leur pouvoir est si affaibli de deçà depuis la prise de La Rochelle que si ceux de cette secte font quelque mouvement contre leur devoir, je ne crois pas qu'il commence où nous sommes, et d'ailleurs je cultive l'ancienne habitude que j'ai eue autrefois avec quelques gentils-

---

1. Le même volume contient plusieurs lettres du roi et de la reine à d'Argenson et à Parabère sur l'intention que celui-ci avait manifestée de vendre sa charge de gouverneur du Poitou au duc de La Rochefoucauld (juin-août 1644).

2. René de Voyer, comte d'Argenson, intendant de 1644 à 1646, ambassadeur à Venise en 1650, né en 1596.

hommes de cette religion, qui me donneront avis s'il se fait ou dit quelque chose parmi eux qui mérite que votre éminence en soit informée... [1]

XXXVII

1644, 16 juillet. — Le Tellier au marquis de Villeroy, au sujet de la marche des troupes envoyées de Saintonge en Catalogne. — *Bibliothèque nat., manuscrit 4,198, f° 127. Copie.*

Monsieur, je reçus hier la lettre que vous m'avez fait l'honneur de m'écrire du 11 de ce mois avec un extrait de revue contenant la force des troupes que vous avez menées en Catalogne, que l'on a trouvées en meilleur état qu'on ne se l'était proposé à cause de l'aversion que les officiers et soldats ont d'aller servir en ce pays-là ; mais l'on n'a pas eu peine à comprendre que sans votre présence et les soins et peines extraordinaires que vous vous êtes donnés à cette occasion, il n'y en serait pas passé le tiers. Je ne manquerai pas de les faire valoir autant qu'il me sera possible auprès de la reine, et déjà je vous puis assurer que Mgr le cardinal en est très satisfait ; mais Son Éminence eut été bien aise que M. de Bar [2] eût achevé le voyage et fût demeuré dans l'armée pour y servir durant le reste de la campagne. J'adresse cette lettre à M. de Vaubecourt pour vous la faire tenir à votre arrivée aux quartiers où il est, où vous recevrez au premier jour les ordres de S. M. de ce que vous aurez à faire et devenir. Cependant, s'il vous plaît de prendre la peine de m'envoyer un état des avances que vous avez faites pour le service du roi pendant votre voyage, je vous assure qu'il sera incontinent après pourvu à

---

1. Le 17 (même volume, f° 137), il rend compte des bonnes dispositions des peuples et des gentilshommes et de la *passion* que témoigne M. des Roches-Baritaud d'être le serviteur très particulier du cardinal.

2. Le Tellier écrivait le même jour (même ms., f° 127) à M. de Bar sur le même sujet.

votre remboursement. Je vous supplie aussi de me mander les noms et lieux de la demeure des capitaines du régiment de Vaillac qui ont quitté ce corps avec leurs compagnies pour aller prendre parti ailleurs au préjudice du commandement qui leur avait été fait de passer en Catalogne et surtout de me croire aussi véritablement que je suis, etc.

XXXVIII

1644, 30 août. — Le roi au comte de Parabère, au sujet de son dissentiment avec M. de La Rochefoucauld. — Bibliothèque nationale, manuscrit 4,170, f° 342. Copie.

M. le comte de Parabère, sur ce que j'ai appris par les lettres du sieur d'Argenson au sieur Le Tellier, de l'état de l'affaire d'entre vous et mon cousin, le duc de La Rochefoucauld, étant bien aise qu'elle s'accommode par l'entremise dudit sieur d'Argenson, je lui fais entendre mes sentiments sur ce qui s'y est passé jusqu'ici, et que je désire y être fait de part et d'autre, desquels je lui mande de s'expliquer tant avec mon cousin, le duc de La Rochefoucauld, qu'avec vous; ce que j'ai bien voulu vous faire savoir par cette lettre et vous dire par l'avis de la reine régente, madame ma mère, qu'elle et moi aurons plaisir que vous vous y accommodiez, et que toute cette affaire se termine conformément à ce que ledit sieur d'Argenson vous fera entendre de ma part, à quoi me remettant, je prie Dieu, etc.

XXXIX

Notice sur François de Villemontée. — Bibliothèque nationale, manuscrit 14,018, f° 157.

François de Villemontée, seigneur de Montaiguillon, qu'il

fit ériger en marquisat en 1649 [1] : conseiller au parlement le 3 juillet 1620 ; maître des requêtes, reçu le 17 novembre 1626 [2] ; intendant de justice en Poitou en 1631 [3], puis à Soissons ; quitta sa charge de maître des requêtes en 1635 ; obtint des lettres d'honneur le 27 avril dudit an ; conseiller d'état et l'un des douze conseillers d'état ordinaires réservés à la réforme du conseil en 1657 [4] ; il sortit du conseil en 1659, ayant été nommé à l'évêché de Saint-Malo ; il fut sacré le 29 juin 1660, mourut à Paris en octobre 1670 [5] et fut porté le 18 à Saint-Sulpice.

Il était fils de François de Villemontée, seigneur de Montaiguillon, procureur du roi au Châtelet en survivance en 1587, puis président de la cour des aides, et de Jeanne de Verdun. Il était frère de Charles de Villemontée, cornette de la compagnie des chevau-légers de Gaston, duc d'Orléans, tué au siège de Casal ; de Catherine de Villemontée, mariée à Pierre de Maupeou, maître des comptes en 1605, président en 1624 ; de Marie de Villemontée, mariée à Charles de Grieu, maître des requêtes, et de Jeanne de Villemontée, mariée en 1625 à Robert Josselin, seigneur de Marigny, maître d'hôtel du roi, morte veuve en juillet 1668.

Il avait épousé en 1624 Philippe de La Barre [6], fille de Paul, contrôleur de l'écurie et payeur des rentes de la ville, et de Claude Martin, dont :

---

1. Le texte des lettres d'érection a été imprimé au *Bulletin*, t. IX, p. 33.
2. On sait quelle indépendance il montra dans le procès du maréchal de Marillac où il siégea comme juge.
3. En remplacement de Gaspard Coignet de La Thuillerie. Voir *Bulletin*, t. IX, p. 31.
4. En 1647, il y avait plus de 120 conseillers d'état (*Journal* d'Olivier d'Ormesson, t. 1er, p. 176). Le règlement du 1er mai 1657 fixa leur nombre à douze. (De Boislile, *Les conseils sous Louis XIV*, appendice au tome IV des *Mémoires* de Saint-Simon, p. 301).
5. Le 16, rue de Turenne, n° 18, chez son gendre.
6. Tallemant des Réaux nous a conservé le souvenir des faiblesses de madame de Villemontée ; son mari la relégua dans ses terres en 1641.

1° Charles de Villemontée, commandant le régiment de La Meilleraye : se noya en 1657, au retour de l'armée de Picardie, sans avoir été marié ;

2° Marie de Villemontée, mariée en 1650 à Hercule de Belloy, seigneur de Belloy en France, lieutenant, puis capitaine des gardes du corps de Gaston, duc d'Orléans, lieutenant général au gouvernement de Champagne et de Brie [1] ;

3° Anne de Villemontée, religieuse [2].

---

1. Nommé à cet emploi le 1er mai 1662. (Voir *Généalogie de la maison de Belloy*, in-4°, 1747).

2. Anne-Françoise, coadjutrice de l'abbesse des hospitalières de Vernon, morte en 1609.

La Rochelle, Imprimerie Nouvelle Noël Texier.